ちくま学芸文庫

バロック音楽

豊かなる生のドラマ

礒山 雅

筑摩書房

バロック音楽【目次】

バロック音楽——豊かなる生のドラマ

はじめに

バッハ、ヘンデル、ヴィヴァルディ、そしてモンテヴェルディ、シュッツ、クープラン……。戦後長い眠りから覚めて再生したバロック音楽は、演奏と研究の水準が大幅に向上した今日、十七〜十八世紀の人々をゆり動かしたドラマ性と生命力を、ふたたびよみがえらせつつある。さまざまな分野でバロック精神の復活が語られる現在こそ、バロック音楽をもういちど考え直してみる、よい機会だといえるだろう。

そのためのささやかな試みであるこの著作は、一九八八年（昭和六十三年）の四月から六月にかけて放送されたＮＨＫ市民大学講座『バロック音楽』のテキストに基づいている。しかし、ＮＨＫブックスの一冊として単行本化するにあたり、各章とも記述にかなり手をいれ、少なからぬ補筆を行った。そのさい、固有名詞の表記は極力現地発音に忠実に改めたが、慣用が強い場合には、それに従っている（テレマン等の人名や、ドレスデン等の地名）。また巻末には、文中で言及した作品を鑑賞するためのＣＤ／ＤＶＤの表を付した。本書発行時に手に入りやすいものを原則として選んであるが、市場の常として、今後新録音や廃盤による変動があるものと思われる。

私が本書で努めたのは、バロック音楽を、精神の諸領域とのなるべく広いかかわりの視野から、立体的にとらえることである。すなわち、芸術史や思想史におけるバロックと音楽におけるバロックのはざまを埋め、バロック音楽を人間たちの生きた表現の記録としてとらえようというのが、この本を書くにあたっての私の考えであった。このため、旧来の自律的な音楽史の定型には、従わなかったところが少なくない。この本を手にとって下さった方々がますますバロック音楽に親しみ、バロック音楽とともによき人間的経験を重ねられることを、著者として心から願っている。

本書が成立するまでには、恩師の諸先生や学生・受講生の方々、日本放送協会、日本放送出版協会、ＮＨＫ文化センターのスタッフの方々をはじめ、じつに多くの方にお世話になっている。その中からここでは、編集に直接ご協力いただいた道川文夫さん、水谷次男さん、大塚修造さん、市川信一郎さん、大山裕子さんのみの名前を、深い感謝とともに、あげさせていただきたいと思う。

平成元年二月十六日　　礒山　雅

I　装いに真実を求めて——バロック音楽の始まり

変化するイメージ

バロック・ブームの到来が謳われ、フェリックス・アーヨとイ・ムジチ合奏団の演奏するヴィヴァルディの《四季》が明るく街に響いたのが、昭和三十年代。その頃には、一曲一曲が未知の世界を開くかのように感じられたバロック時代の音楽も、今日ではすっかり、鑑賞の基本的なレパートリーとして定着した。バッハを「音楽の父」、ヘンデルを「音楽の母」とし、本当の音楽史はそこから始まる、としたかつての教えはもはや通用しないし、それ以前に音楽がどれほど豊かで厚い歴史を形成していたかも、今日では、ほとんど常識になりつつある。だが、いわゆる「バロック音楽」のイメージも、最近ではずいぶん変わってきた。バロック音楽といえば、かつてはなによりも「爽やかな」音楽であり、ロマン派のような深刻さや人間臭さがなくて気軽に楽しめる、というのが通り相場だった。ところが、最近の演奏、ことに、古楽器を用いた若い世代の演奏でバロック音楽を聴くと、われわれは、ドラマを眼前にするような人間表現の豊かさに、驚かされることが少なくない。二十世紀も終わりに近づいた今、バロック音楽は古き良き時代の音楽であることをやめ、かつての人間的な生命力をよみがえらせて、現代の前衛とさえ、手を結びあっているように感じられる。その意味でわれわれは、バロック音楽とは何かを、もう一度問い直してみる時期に来ていると思う。

モンテヴェルディのミサ曲と晩課

バロック時代の初めに起こったある出来事に、目を向けてみよう。時は、ヨーロッパ人がアジアやアメリカに植民の手を広げ、ガリレオが望遠鏡で月や木星を覗いていた頃の、一六一〇年。日本では江戸幕府の支配が確立し、まもなくキリスト教の禁圧が始まろうとしていた頃のことである。痩身、精悍なひとりの音楽家がマントヴァからローマを訪れ、ときの教皇パウロ五世に、自作の曲集を献呈した。同年ヴェネツィアで出版されたばかりのこの曲集には、カトリック教会の礼拝音楽、すなわちミサと晩課（聖務日課のひとつ）のための音楽が、一曲ずつ含まれていた。丁重に、しかしなみなみならぬ自信をこめて楽譜を差し出したであろうこの音楽家こそ、初期バロック最大の作曲家と目されるマントヴァの宮廷楽長、クラウディオ・モンテヴェルディ（一五六七～一六四三）にほかならなかった。モンテヴェルディは献呈の見返りとして、教皇庁付属神学校への息子の給費入学と、みずからのための音楽家ポストを期待していたという。この請願は成功しなかったが、これによってわれわれには、バロック音楽を考える上できわめて興味深い曲集が伝えられることになった。

ミサと晩課は、当時のイタリアでもっとも重んじられていた礼拝である。しかし、そのためにモンテヴェルディが作曲した二つの作品は、同じ人の手によるとは思えぬほど、スタイルが異なっている。すなわち、六声のミサ曲《イン・イッロ・テンポレ》（ゴンベール作の同名モテットから基本旋律をとっているため、この名で呼ばれる）が合唱を主体として渋く、厳粛に綴られているのに対し、聖母マリアの祝日のための晩課、通称《聖母マリアの夕べの祈り》の音楽は、独唱、合唱そして管弦楽を対比も豊かに用いて、まばゆいばかりの華麗さを発散しているのである。異なった書き方の音楽がこのように並び立つということは、それまでの音楽史においてはとうてい考えられなかった。中世からルネサンス、さらにバロックに到る多声音楽の飛躍的な発展が、それを可能にしたのである。

クラウディオ・モンテヴェルディ

BASSVS GENERALIS.

SANCTISSIMÆ

VIRGINI

MISSA SENIS VOCIBVS

AD ECCLESIARVM CHOROS

Ac Vesperę pluribus decantandę

CVM NONNVLLIS SACRIS CONCENTIBVS,

ad Sacella siue Principum Cubicula accommodata.

OPERA

A CLAVDIO MONTEVERDE

nuper effecta

AC BEATISS. PAVLO V. PONT. MAX. CONSECRATA.

Venetijs, Apud Ricciardum Amadinum.

MDCX.

A

《ミサ》と《夕べの祈り》初版パート譜のタイトルページ

十七世紀初めの社会

　ここで、当時の世界の状況を簡単に眺めておこう。ヨーロッパでは、イギリスとフランスに、絶対王政が成立していた。主要な王侯の居城には宮廷文化の開花する兆しが見え、パリでは貴婦人のサロンが開かれ始めた。イタリアとドイツは、小国に分裂。これにカトリックとプロテスタントの南北対立が加わり、国家間の利害の対立は厳しかったが、利権を求める手は広く世界に伸びて、アジアや新大陸における東インド会社・西インド会社の相次ぐ設立をうながした。海洋の覇権を争ってきたイギリスとスペインでは、文豪のシェイクスピアとセルバンテスがその絶頂期にあり、科学も、イタリアのガリレオやドイツのケプラーの手で、発達のテンポを速めつつあった。

　東欧から中東にはオスマン・トルコの勢力が大きく、ロシアは、着々とシベリアに進出。インドにはムガル帝国が君臨し、中国は、明の末期だった。日本では、関ヶ原の戦いのあとに、江戸幕府が成立する。近海に出没するポルトガル人、オランダ人らと長崎その他で通商が行われ、ヨーロッパとの交流がもたれたが、その反面でキリスト教への禁圧も高まり、鎖国への流れも、そろそろ起こってきていた。芸能の分野では、出雲生まれの「阿国歌舞伎」が人気を集め、のちの歌舞伎発展への基礎を築いている。ちょうどこうした時期に、モンテヴェルディの問題の曲集がイタリアで出版され、音楽史における バロック時代の決定的な到来を、印象づけたわけである。

新様式と古様式の対立

曲集をひもといてみよう。ミサ曲《イン・イッロ・テンポレ》（かの時イエスは）は、いわゆるルネサンス・ポリフォニーの書法に基づいている。これは、ジョスカン・デ・プレ、オケヘムといったフランドルの音楽家たちによって十五〜十六世紀に展開され、イタリアのパレストリーナ（十六世紀）によって、もっとも純粋な形へと磨かれた書法である。そこでは、合唱の各声部が対等の資格で音楽に加わり、先行するパートの旋律を後続するパートが模倣して相互にからみ合いながら、やわらかな流れを作ってゆく（譜例1参照。ただし細部には、楽器がバス声部を重複するなど、新しい特徴も加わっている）。

こうした音楽の書き方は、十七世紀には、すでに過去のものになりつつあった。しかしモンテヴェルディは、教皇に自分の腕前をアピールするために、あえてこうした「古様式」で曲を書いたのである。それは、反宗教改革（第Ⅲ章参照）のさなかにあった当時のカトリック教会が、重要な聖餐の秘跡（パンとブドウ酒を食してキリストの生命にあ

〔譜例１〕ミサ曲《イン・イッロ・テンポレ》の冒頭

ずかる儀式）を含むミサの礼拝に、落ち着いた品位のある音楽を求めていたためであった。

しかしその一方でモンテヴェルディは、最先端の技法を思う存分使った曲で、当代随一の作曲家としての実力を発揮したいという気持ちにもかられたに違いない。そうした新しい技法が、《聖母マリアの夕べの祈り》のための音楽には、惜しみなく盛り込まれている。ここでモンテヴェルディは、合唱ばかりでなく独唱や重唱、さらに自立した器楽パートをさまざまに使い、対立する小さな曲を積み重ねながら、詩篇や祈りの言葉を華やかに、また大胆に表現す

〔譜例２〕《聖母マリアの夕べの祈り》の冒頭
中段に管楽器と弦楽器の華麗なパートがある。

る。（譜例2はその冒頭の部分であるが、真ん中の段に、楽器のための華麗でリズミックなパートが書き込まれているのがわかる。）あるときは激しく打ち寄せるように、またあるときはやさしい瞑想に沈みながら、生き生きしたリズムで、感情を訴えかけるように進められる音楽。これこそ、パレストリーナには夢想もできなかったような、バロック風新様式の音楽であった。視覚にたとえるなら、音楽はこのころ、モノクロ的な世界を離れ一気にカラーの世界に入っていったといっても、過言ではないと思う。

装いと空間の多様性

この曲集においてモンテヴェルディは、いわば二つの異なった目で「聖」の世界をみつめている。その片方の目には、昔ながらの単純で崇高な「聖」の形が映っている。そしてそれが、ミサ曲の音楽に結晶してゆく。しかしもう片方の目には、「聖」はきらびやかに装われ、驚きさえ誘うような形で姿をみせていた。そしてこちらの世界からは、《聖母マリアの夕べの祈り》の音楽が、華麗にほとばしり出てきたのである。

このように、分裂した二つの聖のイメージが、バロックの宗教芸術には重なり合っていた。音楽的に見ると、ミサ曲も《夕べの祈り》も、ルーツは同じである。すなわち両者とも、グレゴリオ聖歌というカトリック音楽共通の源泉から、命を汲み上げている。

《夕べの祈り》は聖歌を直接定旋律として基礎に使っているし、ミサ曲も淵源をたどれば、原曲となったモテットをへて、グレゴリオ聖歌のポリフォニー化された姿にゆきつく。にもかかわらず、両者の打ち出す「聖」は、自然と装い、ないし素顔と仮面の表裏一体をなして、鋭く対立している！　バロック時代の人々は、このうちきらびやかな装いの姿に時代としての共感を寄せながらも、なおかつ、自然と装いが対立すること自体に、関心を覚えたらしい。思えばこのバロック時代は、王を頂点にいとなまれる宮廷文化がたえず装いに趣向をこらし、行為を演技へ、語りを雄弁へ、空間を劇場へと変貌させようとする時代であった。こうした二元性へのまなざし、「装い」の探求は、音楽においても、さまざまな局面にみることができる。

一例をあげてみよう。イタリアの作曲家、アルカンジェロ・コレッリのヴァイオリン・ソナタ作品五に、装飾付の楽譜が出版されている（譜例3。一七一〇年頃、アムステルダムで出版）。三段のうち、下段が後述する通奏低音のパート。中段がコレッリの記した本来のヴァイオリン・パートで、上段は、じっさいの演奏のために装飾を付したパート（出版者によればコレッリ自身の提案）である。バロック音楽は、楽譜のみかけは単純でも、じっさいには、こうした華麗な装飾を身に帯びて演奏されることが少なくなかった。にもかかわらず作曲家がはじめからそう書かないのは、奏者が新たに行う即興

〔譜例3〕コレッリのヴァイオリン・ソナタ作品5の2の冒頭

の面白さが、演奏には欠かせないと考えられていたからである。ヴァイオリニストが単純な楽譜にまとわせる、演奏のつど新たな装い――これもまた、バロックの人々が素顔と装いの対立をふまえながら装いのさまざまな可能性を追求したことの、ひとつの例とみられる。

　このようにバロックの芸術には、ひとつの単純なものから多様な姿を導き出すという姿勢が徹底している。存在を固定せず生成の中に解き放ち、それをさまざまな視点からとらえ直そうとする発想が、音楽を含めて、バロック時代の芸術には生きているのである。こうした「多様性へのまなざし」こそ、バロックの世界観の本質であった。

劇場的な音楽空間

ルネサンス時代の美術では、「遠近法」が発達した。遠近法の絵画では、ひとつの固定した視点からすべてが眺められ、すべてに、求心的な位置づけが与えられる。これはそれ自体、中世の平面的な美術空間の克服であり、ルネサンス時代における世界像の画期的な広がりに対応するものであった。しかしそれは、バロックにおいて、新たな生動を求めての解体を始める。視点はいまや複数に分裂し、視点相互に、カメラのフォーカスの切り換えにも似た転換が行われるようになった。芸術の時間と空間は縦横に分節され、芸術のとらえる世界にも、広がりと奥行きが与えられる。言い換えれば、世界が芸術を通して多様な見え方、眺められ方をするようになったわけである。

こうして音楽も、内部に、複数の世界をもつようになる。それらが交互に浮かびあったり、呼びかわしたりするのが、広い意味におけるコンチェルト様式の音楽であった。われわれは、バロックの楽曲にしばしば、エコーへの好みを発見する。アタナージウス・キルヒャー（第X章参照）の詳細な研究が示す通り、当時はエコーという現象に音響学的な関心が高まり、その効果は音楽にも取り入れられて、当時の人々を魅了した。たとえば、モンテヴェルディの上記《聖母マリアの夕べの祈り》に、〈天よ聴きたま

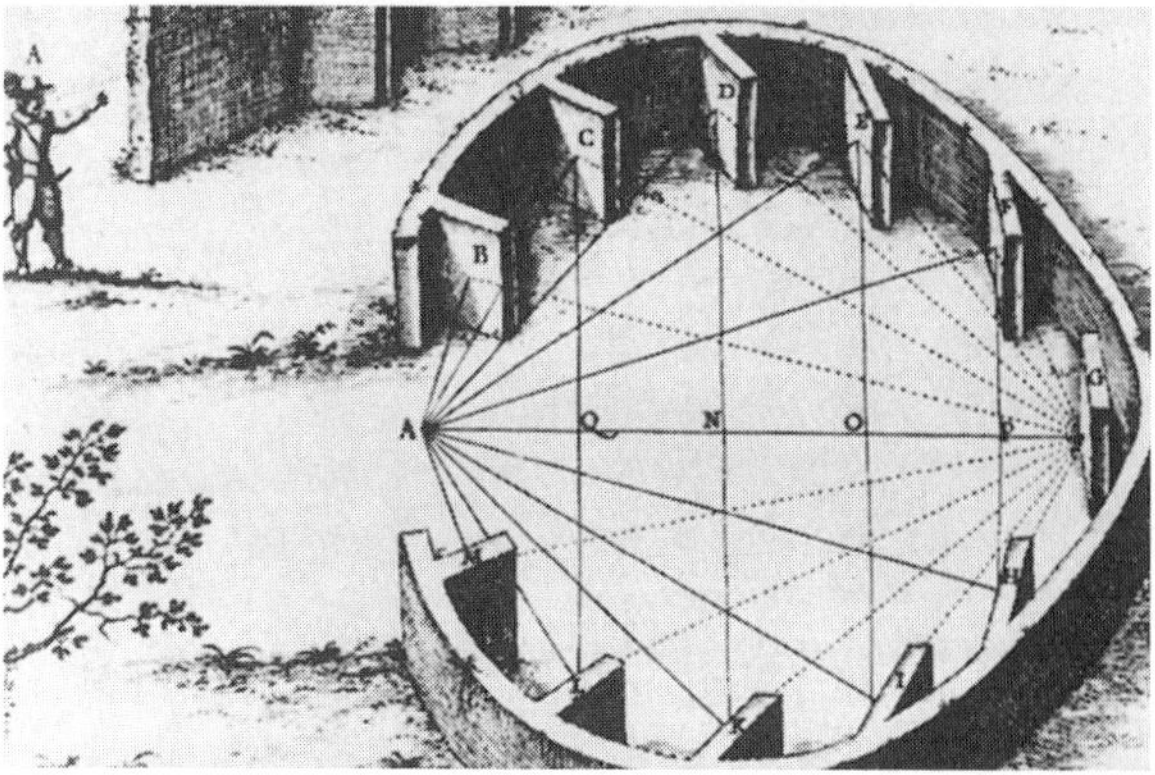

キルヒャーのエコー図（『音楽汎論』より）

え〉という楽曲がある。ここではテノールが、処女マリアの美しさと恵みを、天に向かって恍惚とたたえ歌う。すると、はるか彼方の世界からのように、エコーが返ってくる。二つの世界の一種玄妙な呼びかわしは、われわれのファンタジーを、広々した空間へと解放せずにはおかない。

やがて発展する器楽のコンチェルト（第V章参照）も、基本的には、こうした複数の世界の呼びかわしの効果に基づいている。それはあたかも、コペルニクスの地動説（十六世紀）以後、ブルーノ、ライプニッツらによって進められた宇宙の多元性の認識が、この世の音として響き出たかのごとくである。多元性によって広がりと奥行きを与えられたバロックの音響空間は、たとえていえば、複数の人物がかかわり合い対話する、ドラマの空間に似ている。その意味では、バロック音楽はそれ自体劇場的な空間を構成するもの、ということができるだろう。こうして成立した劇場的な音楽空間を、それまでの音楽史においては知られなかったような豊かで激しいパトス、感情が満たしている。この豊かな感情表現こそ、バロック音楽の重要な本質として、当時の人々にも意識されていたものである。

感情表現への意欲

芸術のなかに感情を解放しようという傾向は、ルネサンスの人文主義（人間中心主義の文化）の内に芽生え、十六世紀から十七世紀にかけて、ヨーロッパの精神世界における大きな流れへと成長してきたものである。そのさい主役を担ったのは、古代ギリシャ・ローマの神々や羊飼、英雄やニンフたちであった。彼らはキリスト教の枠外に位置する異教の存在であるが、それだけに、キリスト教の禁欲的な道徳にとらわれぬ自由さをもっていた。こうした人物たちの愛し合う官能の世界、喜怒哀楽の世界が、ルネサンス以後の美術や文学の、かっこうの主題となる。音楽も、そうした世俗詩に曲をつけるという課題を担うようになった。

だがそれは、音楽の書き方に、ひとつの革命を促さずにはおかなかった。なぜならば、テキストがどれほど灼熱の愛や死ぬほどの悩みを描いても、いくつもの声部がなめらかにからみ合って進む従来のポリフォニー音楽では、言葉を強調して訴えるすべがないからである。このため作曲家たちは、言葉をもっとよく生かし、感情をもっと的確に伝達できるような音楽の書き方を、それぞれ工夫するようになった。そして、こうした研究や工夫の中から、バロック音楽が生まれてくる。

あなたの涙は私の血

その過程をたどってみよう。当時たいへん人気があり、しばしば曲づけの行われたドラマに、ジョヴァンニ・バッティスタ・グァリーニの『忠実な羊飼』（一五八四年）という牧歌劇がある。これは羊飼たちのくりひろげる田園的な恋の物語なのであるが、その詩句はけっして平和でのんびりしたものではなく、われわれが考えるより、はるかに激しい情念をほとばしらせている。その第三幕第四場。若い娘のアマリッリは、つれなくしてはいるけれどもじつは深く愛している羊飼のミルティッロに寄せる愛の言葉を、次のように独白する。

あなたは私の心の人、

天や地がどうなっても、
それは変わらないわ。
あなたが嘆き、ため息をつくとしたら、
あなたのその涙は
私の血なのよ。
そのため息は私の息、
あなたが感じる苦しみや悲しみは
私の責苦なの、あなたのではないのよ。

この詩をモンテヴェルディは、十六世紀の終わり頃に、五声のマドリガーレとして作曲した。そこでは嘆き、ため息、血、苦しみ、悲しみ、責苦といった言葉がやつぎ早にたたみかけられ、アマリッリの真情を、あますところなく表現する。

その楽譜を調べてみると、苦しみや悲しみをあらわす系統の言葉が出てくるたびに、それが性格的な音型や不協和音で強調されていることがわかる。たとえば、終わり近くの、「あなたが感じる苦しみや悲しみは私の責苦なの」というくだり。ここでは「責苦tormenti」という言葉が、大胆な不協和音をまじえつつくりかえし強調され、みごとな

〔譜例4〕モンテヴェルディのマドリガーレ《あなたは私の心の人》の高揚部（マリピエロ版）

クライマックスを築き上げる（譜例4）。すなわち、感情のこもった言葉があらわれるごとに音楽のフォーカスが切り換わり、拡大鏡を当てるような視点の転換が行われるのである。こうしてクローズアップされ浮かび出た言葉に、モンテヴェルディは、音型の豊かな彩りを与える。それによって音楽は、強くまた切実に、恋する乙女の魂のドラマを伝えることになる。

モンテヴェルディはこの曲（《いとしい人よ、お許し下さい Anima mia, perdona》の第二部を構成する）を、一六〇三年出版の《マドリガーレ集第四巻》に収めた。しかしその効果が斬新すぎたためであろうか、出版される前からこの曲を批判の対象にした音楽理論家がいる。それはジョヴァンニ・マリーア・アルトゥージという人物で、彼は一六〇〇年にヴェネツィアで『アルトゥージ、あるいは最近の音楽の不完全さについて』と題する著作を出版し、そこでモンテヴェルディの音楽を、規則違反が行われていて耳に快くない、と批判した。そのくだりに、上記の《いとしい人よ、お許し下さい》の冒頭が、譜例として引用されているのである。

第二作法の展開

これに対してモンテヴェルディは、一六〇五年の《マドリガーレ集第五巻》の序文で弁明を試みた。そのさいモンテヴェルディは、音楽の書き方を二つに分け、自分の作曲法を、ルネサンス以来の書法とは異なる新しい書法、すなわち「第一作法 prima prattica」に対する「第二作法 seconda prattica」であるとしている。このうち第一作法はルネサンスの伝統をひくもので、「古様式」とも呼ばれる。これに対して第二作法は、バロックで起こった文字通りの「新様式」である。

モンテヴェルディはこの第二の作法を、従来の書き方では表現することのできなかった激しく強い感情を表現するために、どうしても必要なものであるとした。つまり彼は、歌詞の求める感情を、たとえそれまでの規則に違反しても音楽で鋭くとらえていこうとし、その結果、「第二作法」と呼ばれる新しい様式に到達したわけである。この二つの書法は、のちにあの一六一〇年の曲集で、記念碑的な対立へとたどりつくことになる。

モンテヴェルディの生前に出版された全八巻のマドリガーレ集は、こうした目的へ向けての歩みの記録である。一五八七年の第一巻から一六三八年の第八巻に向けて、モンテヴェルディの音楽様式は、著しい変貌を遂げてゆく。その途上、第五巻からは器楽伴奏（通奏低音）をもつ曲があらわれ、《コンチェルト集》と題された第七巻（一六一九年）には、器楽の合奏を含む曲が出現した。また第八巻は《戦いと愛のマドリガーレ集》と題され、劇的迫力に富む作品が集められている。

このような変貌をモンテヴェルディが遂げたのは、彼が出発点とした後期ルネサンスの音楽語法のうちにテキスト表現に本当に適したものが見当たらず、彼はみずから曲を書きながら、それを探索してゆかざるを得なかったためである。こうした探索の途上に、上述のマドリガーレ《あなたは私の心の人》も生み出されたことになる。

モノディの創出

さて、モンテヴェルディとは別の道をたどりながら、テキスト表現の根本的に新しい技法にたどりついた人々がいる。花の都、イタリアのフィレンツェを本拠とした「カメラータ」の人々がそれである。フィレンツェでは一五七〇年代から詩人、学者、音楽家などが研究グループを作り、かつての偉大な芸術、ギリシャ悲劇を現代に復興させる努力を重ねていた。そのさいカメラータの人々は、ギリシャでは悲劇の台詞がすべて朗唱調で歌われていたはずだ、と想定し、すべての台詞を音楽として歌う劇を作り出した。こうして出来上がったのが、第Ⅱ章で論ずるオペラである。ペーリ、カッチーニといったカメラータの音楽家たちによるオペラの誕生は、バロック時代の幕開けを象徴する出来事であった。

カメラータの考案した台詞の歌い方を、ふつうモノディと呼ぶ。これは、完全な歌というより、半ば語るような歌い方（あるいは半ば歌うような語り方）という方が適当だろう。いずれにせよ台詞は独唱者に委ねられ、彼は言葉のアクセントや区切り、情感や意味内容にできるだけ忠実につけられた簡素な調べを、「語るように」歌う。そして、通奏低音と呼ばれる楽器の伴奏が、独唱を支える。こうしたやり方をとれば、いくつものパートが相前後してテキストを歌う従来のポリフォニーにくらべて、言葉の意味を、はるかにはっきりと聞き手に伝えることができる。

フィレンツェの街の展望　右手に大聖堂（花の聖母教会）が見える。

モノディ様式による初期の歌曲を集めた曲集に、カメラータのひとり、ジューリオ・カッチーニの作曲した《新しい音楽》がある（一六〇一年、新暦では一六〇二年）。その中には、声楽を学ぶ人が必ず歌う《麗しのアマリッリ Amarilli, mia bella》という曲が含まれている。（アマリッリは、上述の『忠実な羊飼』中のニンフ。）もっぱら後世のロマン的な編曲で歌われるために気づかれずにいるが、この曲は、モノディのスタイルからとくに美しい旋律を花開かせたものであり、バロック時代の夜明けを告げる、歴史的な曲のひとつなのである。

「バロック音楽」とは

このようにバロック音楽は、言葉に即しながら強い感情表現を行うことをめざして、ルネサンス音楽の法則を打ち破って出現してきたものである。こうした志向、およびそれに由来する音楽語法は、その後、バッハとヘンデルの時代（十八世紀前半）まで受け継がれた。この間の音楽、主として十七世紀と十八世紀前半の音楽が、「バロック音楽」と呼ばれる。

この「バロック音楽」という呼称は、二十世紀のはじめに、ドイツの音楽学者クルト・ザックスによって提唱されたものである。ザックスは、美術におけるルネサンスとバロックの対立に並行する現象が音楽にも存在すると考え、一九一九年、「バロック」の概念を美術史から借用して、音楽に応用した。ザックスのバロック音楽論には、ヴェルフリンのバロック美術論が基礎になっている。すなわち、ルネサンス美術に対してバロック美術が構成するような線的と絵画的、平面と深奥、閉じられた形式と開かれた形式、明瞭性と非明瞭性といった対比が、ルネサンス音楽とバロック音楽の関係にも適用できると、ザックスはいうのである。

ところで、「バロック」という言葉は、ポルトガル語の「いびつな真珠」に由来するというのが定説である。しかしこれを文字通りにとると、バロック音楽とは「いびつ」な音楽、一種の末期症状を呈する、歪んだ音楽ということになってしまう。

そもそもバロック音楽が「いびつ」な側面をもつかどうかは、微妙な問題である。バロック音楽も独自の立派な形をもっている、とみることももちろん可能であるし、逆に、調和や均斉を内側からこわしてゆくバロック特有のダイナミズムによい意味での「いびつさ」を認めることも、あながち不可能ではない。とくに二十世紀の世紀末を迎えた昨今では、こうした「いびつ」な側面に、新しい意義を発見する人が増えてきている。しかし現在では、いびつであるか否かということとは関係なく、十七世紀から十八世紀前半にかけての時代に書かれた音楽を「バロック音楽」（バロック時代の音楽）と総称することがふつうであり、無難でもあろう。そうすれば、古典的な秩序感覚を示すフランス・ヴェルサイユ宮廷の音楽（第Ⅵ章参照）も、一時代の音楽としての「バロック音楽」の中に、含めることができる。その百五十年間には、規則を打ち破って獲得された豊かな装いや彩りに、新たな秩序と法則が形成されてゆく過程が見られる。

美術の分野では、十六世紀、ルネサンスからバロックへの移行期にあたる芸術を「マニエリスム」と呼ぶ。しかし音楽史においては、「マニエリスム」を時代ないし一時期を総称する概念として立てることはまれで、ふつうそれは、ある種のルネサンス音楽がその後期ないし末期にとった、独特の爛熟した様相をさす言葉として理解される。たとえば、マレンツィオやジェズアルドの作曲したイタリア語マドリガーレには、ルネサンス・ポリフォニーの基本的な枠の中で、たいへんに凝った、複雑な手法が使われている。それが音楽におけるマニエリスムの典型とみられるわけだが、それが同時にバロックの芽生えともなっていることは、いうまでもない。

通奏低音の表現力

さて、「バロック音楽」が百五十年間を通じてもつ、基本的な特色とは何だろうか。それをひとつ挙げるとすれば、たえず動いている低音声部、すなわち通奏低音（バッソ・コンティヌオ）をもつことであろう。このため、二十世紀初頭の音楽学者フーゴー・リーマンのように、この時代を「通奏低音時代」と一括する人もいる。通奏低音は、ふつう複数の楽器で、すなわち、低音の旋律楽器と和音楽器の協力によって演奏される。旋律楽器がチェロ、ヴィオラ・ダ・ガンバ、ファゴット、コントラバスなど。和音楽器はチェンバロ、オルガン、リュートなどで、いろいろな組み合わせが可能である。（たとえばチェロとチェンバロが通奏低音を担当する場合、チェンバリストは左手でチェロと同じ旋律を演奏し、右手の即興によって音空間を埋めてゆく。）こうした通奏低音ががっちりした土台を築き、その上で複数の上声部が、豊かな彩りを身にまといつつ対立し競い合う。こうした広い意味でのコンチェルト風の音楽が、バロック音楽のもっとも典型的な楽曲であった。

通奏低音の表現力をいかんなく活用した作品の一例として、イギリスの天才、ヘンリー・パーセルのオペラ《ディドとエネアス》（一六八九年）のアリア〈私が土に横たえられた時〉を調べてみよう。このオペラは、古代カルタゴの女王ディドが、トロヤの英雄エネアスに捨てられて潔く死を迎えるまでを、親密な情感にあふれた音楽によって描いている。その大詰め、死に瀕したディドによって歌われるのが、〈私が土に横たえられた時〉である。

私が土に横たえられた時、
私の罪が
そなたの胸をかき乱すことがないように。
私を覚えていておくれ、

〔譜例5〕アリア〈私が土に横たえられた時〉

でもああ！　私の宿命《さだめ》は忘れておくれ。

この曲の通奏低音パートには、半音階をひとつずつ下がってゆく形の、当時「嘆きの低音」（ラメント・バス）とよばれた音型が使われている（譜例5）。こうした半音階の連続使用は、ルネサンスの完成された様式、すなわちパレストリーナ様式の対位法では、禁じられていたものであった。そのいわば破格の音型を、パーセルはあえて低音部に繰り返させ、その太い骨格の上に優雅で気品のある旋律を歌わせて、ディドの悲しみを、心にしみいるように表現してゆく。ここでは、バロック的な感情表現の理想が、通奏低音に基づく整った音楽様式を支えとして実現されている。

Ⅱ　音楽による祝祭――オペラの誕生

祝祭に寄せる好み

日本のクラシック・ファンがもっとも大切に思う音楽ジャンルは、おそらく交響曲であろう。しかしヨーロッパにおいては、オペラこそ、音楽の中心である。各都市の音楽生活はオペラ・ハウスを頂点としていとなまれており、新聞には、オペラ歌手の動静を伝える記事が、連日のように載る。オペラ座のロビーは重要な社交場であって、仕事を終えた人々は夕刻に着飾って集まり、華やかなステージと豊かな声の饗宴に、一夜の夢を託す。ヨーロッパの人々にとって、オペラは日常の中に花開く、ひとつの祝祭にほかならないのである。

そのオペラは、バロック時代に生まれ、発展した。その背景には、バロック時代の人々の祝祭に寄せる熱意が存在した。宮廷文化の時代に生きた人々は、劇場的ないし演劇的なものに強い関心を寄せ、存在の不安（第Ⅲ章参照）を祝祭のダイナミズムのうちに解消しようとしたが、その典型的な表現のひとつがオペラだったのである。事実初期のオペラは、宮廷の祝典を、晴れがましい舞台によって彩るものとして起こっている。

わが国で関ヶ原の戦いが行われた、一六〇〇年（慶長五年）の十月。名君の誉れ高いフランスのアンリ四世が、イタリアの名門、メディチ家の令嬢と結婚した。メディチ家はフィレンツェを中心とするトスカーナ大公国の当主であったが、フランスに嫁いだのは、マリーア・デ・メディチ、フランス名マリー・ド・メディシスという女性である。前妻マルグリットとの離婚後行われたこの政略結婚には、次のような背景があったという。すなわちアンリ四世は、フランスにおけるカトリックとプロテスタントの内乱をいわゆる「ナントの勅令」（一五九八年）によって収拾したあと、イタリアに勢力を広げようと考えた。それには、分裂状態のイタリアに支配権を振るっていたスペインとオーストリアに、対抗しなくてはならない。そこで彼は、名望あるメディチ家と手を結ぶことにより、イタリアに足がかりを築こうとしたのである。この結婚式の模様、そしてフランス入りした王妃マリーの野心と波乱にみちた生涯は、バロック時代を代表する画家、ルーベンスの手によって壮大に絵画化されている。

最古のオペラ作品

アンリ四世とマリーの結婚式は、花の都フィレンツェで、絢爛ととり行われた。ただし王自身は参加せず、新郎の役をつとめたのは、その代理人であった。それでも祝賀行事は連日盛大に続けられ、十月六日には一曲のオペラが、ピッティ宮殿で上演された。そのオペラとは、ギリシャ神話による台本をもとにヤーコポ・ペーリ（一部カッチーニ）が作曲した、《エウリディーチェ》と題するものである。これこそ、われわれに伝えられた、最古のオペラ作品にほかならない。

前章で述べた通り、フィレンツェは、「カメラータ」と呼ばれる文化人グループによるギリシャ悲劇復興の努力の本拠となったところだった。その過程でオペラという、すべての台詞を歌ってゆくタイプの演劇が誕生したわけである。史上最古のオペラの栄誉を担うべきは、ペーリ作曲の《ダフネ》という作品で、これは《エウリディーチェ》に先立ち、一五九八年に上演されたことがわかっている。しかしその楽譜は失われ、同じペーリによる《エウリディーチェ》が、われわれの知る最古のオペラ作品となった。その初演の三日後には、カッチーニらが作曲した《チェファロの強奪》というオペラが、ウフィツィ宮で上演されている。

ペーリの《エウリディーチェ》には、前章で述べたモノディの様式、つまり、言葉を抑揚正しく、感情をこめて訴えるように語り歌う方法が、すでに一貫して用いられている。この斬新な技法の効果は大きく、ペーリの音楽に裏付けを得た言葉の迫力は、この日ピッティ宮につめかけたイタリアの貴族たちの心を、とらえて離さなかったといわれる。以後、この様式によるオペラはさまざまな作曲家によって手がけられ、本家の演劇から、舞台の主導権を奪うほどの発展をみせていった。

傑作《オルフェーオ》の誕生

いまや音楽家の前には、オペラという新しい沃野が開けてきた。しかし、カメラータの理論にしたがって語るように歌うばかりでは、劇としては動きに乏しく、音楽としては、単調にすぎる。言葉の表現を十全に行いながらも音楽を存分に楽しめるオペラは、書けないものだろうか？　七年後、すなわち一六〇七年にマントヴァの宮廷で初演されたモンテヴェルディの《オルフェーオ》（ストリッジョ台本）によって、その可能性は、すばらしく立証された。この作品は、オペラの歴史を、いわば一瞬のうちに成熟させるものであった。

ペーリの《エウリディーチェ》（カメラータのライバル、カッチーニも同名の作を完成させている）とモンテヴェルディの《オルフェーオ》は、どちらも同じギリシャ神話に基づき、よく似たストーリーをもっている。伝説的な音楽の名手、オルフェーオが、愛する妻、エウリディーチェを失う。悲しみに暮れたオルフェーオは大胆にも死者の世界におもむき、音楽の力で精霊や神々を感動させて、妻との再会を果たす……。オペラでは、オルフェーオが死者の国を訪れる場面が中心に置かれ、その前後には、羊飼やニンフたちが登場して、当時好みの牧歌的な雰囲気が作り出される。

この同じ物語がどれほど異なった扱いを受けたかを知るために、オルフェーオが音楽の力によって地獄の霊に語りかけるくだりを比較してみよう。ペーリは、カメラータの理論にあくまで忠実に、この部分を他の部分と同じモノディとして作曲する。すなわち、オルフェーオの訴えはあくまで詩人リヌッチーニによる言葉を通じて伝えられ、音楽は、その効果的な助けをするのである（譜例1）。

一方モンテヴェルディは、ここに大きなアリア風の楽曲を置く。

力強い霊、恐るべき神よ、
あなたなしには、肉体から離れた魂も
彼岸に渡ることは望めません……。

私の宝を返してほしい、黄泉の国の神々よ。

（戸口幸策訳）

この曲（譜例2）はきわめて技巧的に作曲されており、歌の声部には、驚くほどむずかしい装飾が付されている。（初版譜には、単純な形と装われた形の二つが平行して載せられている。）そこにはさらに、ヴァイオリン、ツィンク、ハープ等の楽器が、「エコー」の効果をまじえつつ彩りを添える。それを聴くわれわれは、音楽が地獄の霊にすら訴える呪術的な力をもつことを、音楽自身の力によって、納得させられないわけにはいかない。モンテヴェルディはここで、カメラータの理論に基づきながらも、早くもそこから抜け出して前進している。またこのアリアは、簡素なモノディが発明された時代に、一方ではどれほど華麗な装飾的歌唱法が発達していたかを示す、貴重な資料でもある。

フィレンツェではじまったオペラの創作は、その後、ローマの作曲家たちによって受け継がれた。しかしその発展が本当に実り豊かな成果を生み出したのは、ヴェネツィアにおいてである。われわれはここで、当時のヴェネツィアに目を向けてみることにしよう。

〔譜例 1〕ペーリ作曲《エウリディーチェ》から（初版楽譜）

〔譜例 2〕モンテヴェルディ作曲《オルフェーオ》から（現代譜）

ヴェネツィアにおける発展

水の都、ヴェネツィア。この街はアドリア海に突出した島の上にあり、瀟洒な建物が海辺まで張り出して、所狭しと並んでいる。細い路地を散歩するといたるところ運河と出会うが、そこには湾曲した橋がかかり、その下を、観光客を乗せたゴンドラが、歌声を響かせながら走っている。

このヴェネツィアは、中世以来ヨーロッパの東方貿易の拠点であり、地中海をへて運ばれる東方の物資を仲介して、巨万の富をたくわえていた。西まわりのインド航路が開拓されたルネサンス時代にはその繁栄にも翳りがみえてくるが、それでもヴェネツィアの人々は、開放的で華麗な市民生活を楽しむことを止めなかった。ティツィアーノ、ティントレット、ヴェロネーゼといった十六世紀の巨匠たちの絵画には、往時のヴェネツィア文化の生命力をよくうかがうことができる。

ヴェネツィア市民の好む華やかな儀礼は、主に市庁舎前の広場と、その奥に聳える東方風の伽藍、サン・マルコ大聖堂でいとなまれた。このサン・マルコ大聖堂は、十六世紀前半にフランドルの音楽家、アドリアン・ウィラールトが楽長として着任して以来、バロックに先駆ける、進歩的な音楽活動の場となっていたところである。とくに、二つの合唱・合奏グループが聖堂空間の両翼から掛け合い応答する、いわゆる「複音響体技法」（コーリ・スペッツァーティ）による音楽が、ここで発達した。世紀の終わりから十七世紀の初めにかけて、ジョヴァンニ・ガブリエーリがその効果をみごとに生かしたカンツォーナや声楽コンチェルトでバロックの黎明を飾ったあと、一六一三年にモンテヴェルディが、大聖堂楽長に就任する。そしてこのモンテヴェルディの晩年の創作とともに、ヴェネツィアにはオペラの盛期が訪れてきた。

ヴェネツィアでオペラの上演が本格化するのは、一六三七年に、サン・カッシアーノ劇場が柿落としされてからである。これは、事実上世界最初の公開オペラ・ハウスであり、その成功によってオペラは宮廷から市民に開放され、大衆の娯楽としての性格を併せもつようになった。こうしたオペラ熱の高まりを背景に創作され、それをさらに沸騰させたのが、モンテヴェルディの晩年の諸作品であった。

18世紀のヴェネツィア風景（カナレット画）

《ポッペーアの戴冠》

モンテヴェルディがヴェネツィアで書いたオペラのうち、今日楽譜の残っているのは《ウリッセの帰郷》と《ポッペーアの戴冠》の二曲のみである。その後者、モンテヴェルディ最後の作とされる《ポッペーアの戴冠》を調べてみよう。一六四二年に発表されたこの作品には、七十五歳の老人の手によるとはとうてい思えないような、雄渾な力と情熱があふれている。ブゼネッロによる台本は古代ローマの歴史に基づくもので、オットーネ将軍の妻、ポッペーアが美貌を生かしてローマ皇帝ネロに取り入り、皇后のオッターヴィアを追い落として、晴れて皇妃の地位に就くまでを語っている。強い愛の力はすべてを凌駕して輝くというのが、その思想である。

この台本は、従来の牧歌劇としてのオペラから、一歩を踏み出すものであった。ギリシャ神話の人物が登場し、羊飼やニンフが理想化された楽園で恋し合う牧歌的な物語は、たしかに、キリスト教の制約から人間の感性や官能を解放するのにふさわしかった。しかし、オペラが真の人間表現として近代化されるためには、現実の人間が、生身の感情をともなって舞台に登場する必要がある。このことを初めて本格的になしとげたのが、《ポッペーアの戴冠》であった。

《ポッペーアの戴冠》においてモンテヴェルディは、人間存在の中にあるさまざまの問題に、リアリストとしての鋭い目を向けている。台本には、愛、喜び、悲しみといった感情ばかりでなく、媚態や野心、策略や復讐心、残忍さや絶望など、いわば人間の心の負の側面が、しばしばあらわれてくる。モンテヴェルディは、道徳的ないし勧善懲悪的な思い入れを一切まじえずに、善悪入り混じる心の現実を、強く克明に描き出した。それによって《ポッペーアの戴冠》は、十七世紀前半の作品とはとうてい思えないような、実在感に富んだドラマに仕立て上げられている。

　たとえば、第二幕の第三場から第六場にかけて。第三場は、ポッペーアとの道ならぬ恋に反対したためにネロによって自殺を命ぜられる哲学者、セネカに別れを惜しむ友人たちの歌（マドリガーレ）と、死におもむくセネカの決意の独白から成る。台本では次に美徳の女神がセネカを慰める場面が入っていたが、モンテヴェル

モンテヴェルディ作曲《ポッペーアの戴冠》から戴冠の場面（1977年、チューリッヒ歌劇場）

ディはこの場面を省略し、セネカの死のあとにすぐ、小姓と小間使いによる恋のたわむれの場面を続けた。

親友たち
死ぬな、セネカ、死ぬな。

セネカ
では諸君、風呂を用意してくれ。
もし命が川のように走り、温かい流れをなすものならば、
願わくはこの無実の血が、死の道を赤く染めていくように。

小姓
はっきりわからない感じがする、
何がぼくをくすぐり喜ばすのか。
教えて、それは何なのだろう、
恋しいダミジェッラ。
君に何かをしたい、何かを言いたい。
でも何をしたいのかわからない。

《フィガロ》のケルビーノのアリアをまざまざと思わせるこの歌にはさらに、セネカの死を祝ってネロと友人ルカーノが歌う、快活な二重唱が続けられる。こうした容赦のない対比とぶつかりあいの中から、人間の本当の姿への、鋭い洞察と感銘が生まれてくるのである。

空間の立体的活用

《ポッペーアの戴冠》第二幕の終わり近くには、愛の神が天から下ってきて、眠るポッペーアに守護を約束する場面がある。このような空間の広々した活用、すなわち、機械仕掛けを用いて舞台空間を立体的に、またダイナミックに活用することが、当時のオペラではたいへんに盛んだった。バロック・オペラの舞台絵には、空中に天上の世界を出現させたり、登場人物を雲にのって浮遊させたりした様子が、ひんぱんに描かれている。歌手たちはまた、突如姿を消したり、不意に出現したり、岩へ獣へと変身したりした。劇場に進出したオペラが貴族ばかりでなく、市民の間にも広い人気を博したのは、こうした空想的でスペクタクルな舞台作りのたまものであった。とくにヴェネツィアは、ジャコモ・トレッリ（一六〇八～七八）というすぐれた舞台装置家を擁していたために、

トレッリの機械仕掛けを用いたオペラの場面（1654年）

この点でとりわけ評判が高かったという。トレッリは一六四五年からパリに招かれ、フランスの演劇やバレエの舞台に、自慢の機械仕掛けを導入した。このため、のちに述べるリュリのオペラにも、機械を駆使した場面がきわめて重要なみどころとして受け継がれている。

ちなみに、歌手による空間の浮遊や変身に匹敵する効果は、バロック建築の天井画や彫刻でもしばしば作り出されている。南ドイツのロール大聖堂にある「聖母被昇天の祭壇」（アーザム兄弟作）や、イタリアの巨匠ベルニーニがニンフの月桂樹変身の瞬間をとらえた彫刻「アポロとダフネ」は、その有名な例である。このように、完結した空間を打ち破り、運動ないし運動の錯覚を作り出すことによってドラマティックな表現をめざすというのが、バロック芸術の典型的な志向のひとつだった。

こうした舞台作りによって、天上の存在と地上の人物の交流がドラマの現在にとらえられたことは重要である。《ポッペーアの戴冠》では、プロローグに徳・富・愛の三神が登場し、それぞれの認識を語りつつ、ストーリーへの地ならしを行う。こうした寓意的な人物は当時なおイデア的な高い実在性を備えた存在とみなされており、バロック芸術の舞台に、いわば新プラトン主義的な上昇の動力を与えた。寓意的な人物は、バッハの世俗カンタータやヘンデルのオラトリオにも、なお姿を見せ続ける。

スカルラッティとナポリ楽派

モンテヴェルディの死後、ヴェネツィアのオペラは、カヴァッリ、チェスティ、レグレンツィ、ストラデッラといった作曲家によって受け継がれた。歌劇場の数も次第に増え、十七世紀の終わりには、四つから六つの歌劇場がそれぞれ自分のシーズンをもって、公演を競い合っていたといわれる。一方、南イタリアの陽気な港町、ナポリにも、十七世紀の半ばから、オペラ劇場が開設されはじめた。ナポリにおけるオペラは急速に活気を増し、アレッサンドロ・スカルラッティ（一六六〇～一七二五）の出現した十七世紀の終わりから十八世紀にかけて、ヨーロッパの主導権を握るようになった。

スカルラッティとその後継者たちによる「ナポリ楽派」のオペラは、十八世紀のヨーロッパで、一世を風靡したものである。そのさなかに形成されたナポリ人の歌魂は、のちのナポリ民謡、《サンタ・ルチア》や《オー・ソレ・ミオ》に生き生きと籠められて、今日に伝えられている。ナポリ楽派の作品においてオペラは、ギリシャ悲劇の復興という当初の理念から遠ざかり、歌を楽しませる娯楽へと変貌していった。モノディによる語りかけるような歌い方は、「レチタティーヴォ」と「アリア」の両極へと分解する。レチタティーヴォは、通奏低音の簡単な伴奏をもつ早口の語りで、じっさいの会話に近い効果をもつ。その役割は、ストーリーを手早く進めることである。これに対して、アリアは管弦楽に乗せて美しい旋律を聴かせ、歌の魅力をたっぷりと楽しませようとする。《ピロとデメトリオ》など、スカルラッティのオペラでは、こうしたレチタティーヴォとアリアが規則的に交代する形が確立しており、歌手たちはアリアでひとりずつ交互に進み出ては、自慢の声とのどの技術を聴かせた。合唱はほとんど用いられず、演劇的な興味も、もはや二の次であった。しかし旋律の軽やかな美しさ、自然な歌いやすさのゆえに、スカルラッティのアリアは、今日でも人気をもっている。声楽を学ぶ人で、《すみれ》や《ガンジス河に陽は昇り》を楽しまない人は、おそらくいないだろう。

リュリの音楽悲劇

以上見てきたように、オペラはイタリアで生まれ、イタリアで発展した芸術である。

それは、イタリアの歌手たちとともにヨーロッパの各地に進出し、バロック時代の音楽世界をリードし続けた。しかしこれに、意識的に対抗した国がある。それは、誇り高き国、フランスである。

フランスの音楽については第Ⅵ章でくわしく述べるが、ここでは、ジャン・バティスト・リュリ（一六三二～八七）によって確立されたフランス・オペラの特徴を、あらかじめ見ておくことにしよう。音楽におけるフランス様式の確立者として名高いリュリは、じつはイタリア人であり、少年時代にフランスに行って、当地にそのまま骨を埋めた。彼は太陽王ルイ十四世に寵愛され、その親政の始まり（一六六一年）とともに、宮廷音楽の実権を一手に握る。そして、当時のヨーロッパ最大の強国、フランスの栄光を輝かせるために、フランスの文化伝統に即した独自のオペラ様式の完成に、力を注いだのである。

だがそのためには、フランス語という独特の言葉を音楽に生かす方法が、開発されなくてはならない。折りしも十七世紀半ばのフランスでは、コルネイユ、モリエール、ラシーヌによって、古典演劇の盛期が築かれていた。そこでリュリは、演劇における朗唱法、言葉の扱い方を綿密に研究し、それを音楽に移す。その成果が、端正で香り高い、フランス語のレシタティフであった。リュリのオペラは、こうしたレシタティフと、より旋律的なエールの間を自然に流動しながら進められてゆく。しかしそこには、イタリア・オペラにおけるレチタティーヴォとアリアのような対立はみられず、音楽と言葉がたえず密着し、気高く融合しようとする傾向がみられる。こうした書き方に基づくリュリのオペラを「トラジェディ・リリック」（音楽悲劇）と呼んでいる。

リュリのオペラは、フランスで人気のあった宮廷バレエ（第Ⅶ章参照）を母体としたものであった。したがって、歌の合間には豊富な舞踊が挿入され、その場面では、機械仕掛けに乗った神話の人物や精霊たちが登場して、合唱し、舞い踊った。こうした場面を、余興という意味をこめて「ディヴェルティスマン」と呼ぶ。管弦楽、合唱、舞踊を駆使したディヴェルティスマンは、オペラの最高の見どころ、聴きどころであり、席を立ってその踊りに加わるのは、観客席に集う貴族や貴婦人のかけがえのない楽しみであった。

リュリの音楽悲劇は、音楽だけを聴かせようとしたものではない。それはむしろ、見て、聴いて、また動いて楽しめる、総合的なパフォーマンス空間を作り出そうとしたものとみることができる。音楽は、その大切な一要素にほかならなかった。それらは宮廷の祝宴のさいに上演され、豪華絢爛たる舞台作りによって、太陽王ルイ十四世の栄光を讃えた。祝祭を輝かせる儀礼としてのバロック・オペラ本来の性格が、そこでは、貴族

リュリのオペラ《アルミード》から、眠るルノーとアルミード

的な格調と品位も豊かに実現されている。

リュリのオペラとしては、キノーの台本による《アティス》、《イシス》、《アマディス》といった作品が知られている。彼の最後のオペラは、一六八六年にパレ・ロワイヤルで初演された《アルミード》だった。タッソーの『解放されたイェルサレム』を原作とするこのオペラは、十字軍の騎士たちを捕らえた魔女のアルミードがそのひとりルノー（ルイ十四世の象徴）に恋をするというストーリーをもち、怪奇で幻想的な場面にみちみちている。その第二幕、魔法でルノーを眠らせたアルミードの歌うモノローグ（独白）は、フランス語を歌において生かしたもっとも美しい曲のひとつとして、古来有名である。

とうとう私の魔力に服した、

宿命の敵、尊大な征服者が。
心地よい眠りが復讐のつけ目、
この無敵の胸をえぐってしまおう……。
でも、このおののきは何かしら？
何がためらわせるのかしら？
……やろう、でも、震えが……。
復讐を……でも、ため息が！
ああ、むごいわ、この人から光を奪うなんて！
この雄々しい方に勝るものは、この世にはない……。

Ⅲ　この世における聖の開花——宗教音楽の高揚

バロック時代と宗教

バロック音楽の開花した十七世紀は、ヨーロッパにとって、かならずしも幸福な時代ではなかった。むしろそれは、暗い、危機的な時代だったといわなくてはならない。気候は寒冷で凶作が多く、疫病がしばしば荒れ狂って、多くの死者を出した。三十年戦争をはじめ戦争や内乱が相次ぎ、軍隊による略奪や強化される一方の税金が、民衆を苦しめた。こうした中で、権力と富は王や貴族の宮廷に集中し、宮廷の繁栄の上に、バロック音楽が開花してゆく。しかし、十七世紀のヨーロッパを覆っていた黒雲は、金箔につつまれた寝室に身を横たえる宮廷人の心にさえ、実存への不安を呼び起こさずにはいなかったに違いない。バロック音楽が調和と均衡に飽きたらず、対照と運動の中に自己を

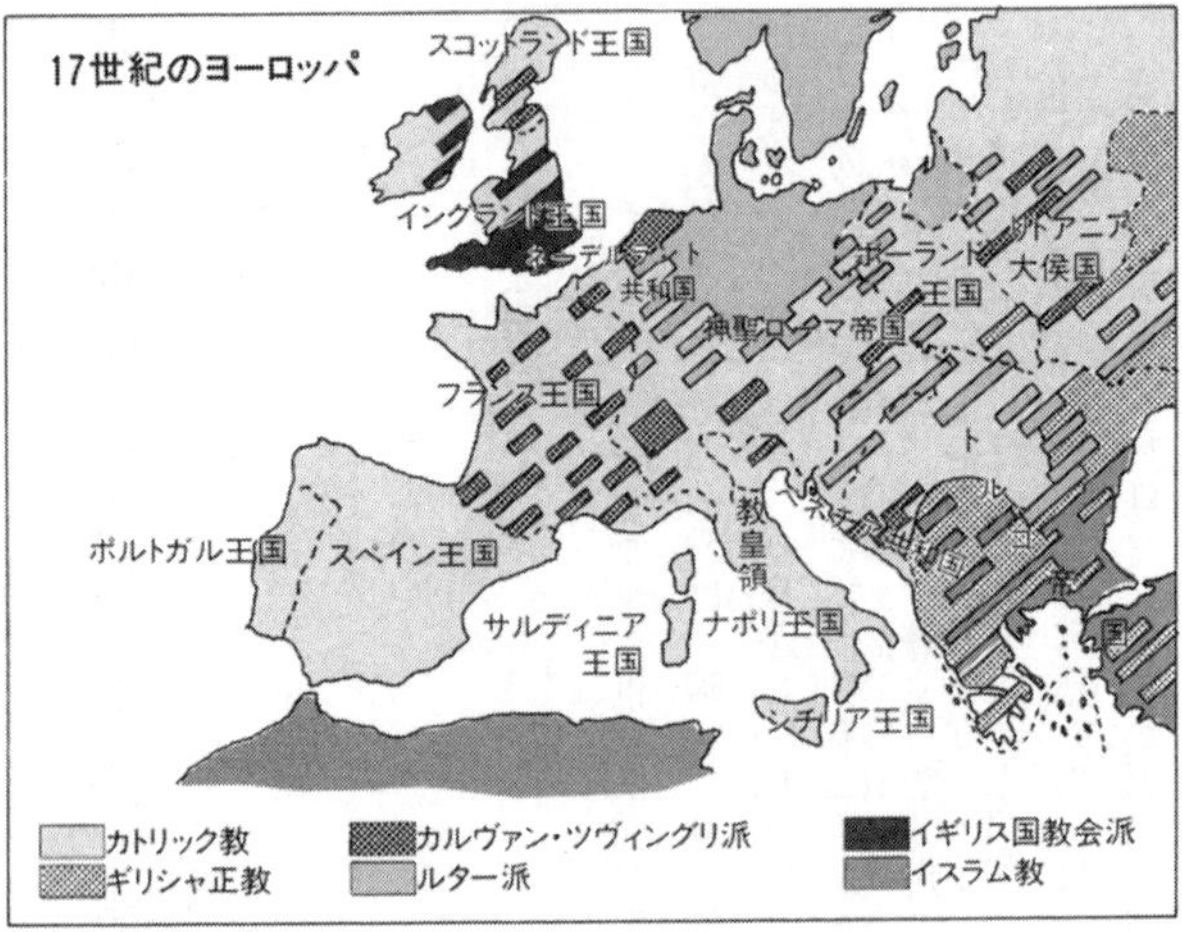

17世紀のヨーロッパ

解放しようとつとめたことは、存在のこうした不安を解消したいという願いの、無意識のあらわれであったのかもしれない。

こうした危機的な時代には、宗教の役割が増大する。強い支えとよりどころを得ようとする心は、教会に対する新しい期待を生み出し、礼拝に対する新たな関心を鼓舞した。こうしてバロック時代は、宗教芸術に、事実上最後の高揚を作り出す時代となった。

教会の側からしても、十七世紀は、キリスト教の教えを強化し、結束して広め、深めてゆくべき時期であった。なぜならば、ヨーロッパでは十六世紀に、ルターやカルヴァンによる宗教改革の嵐が吹き荒れ、いまや、カトリックとプロテスタントが厳しく対立する図式が出来上がっていたからである。右図が示す通り、プロテスタント諸派はおおむねヨーロッパの北半分を領し、ローマ教皇をいただくカトリック勢力は南半分を押さえて、これに対峙していた。そして二つの勢力はそれぞれ、独自の宗教芸術を発展させてゆく。だがここではまず、カトリック世界の状況をみてゆくことにしよう。

反宗教改革の芸術

中世以来、ヨーロッパ人の精神生活に君臨してきた、カトリック教会。それがプロテスタント勢力の伸長に驚き、対抗策を練るべく鳩首を集めたのが、一五四五年から六三年にかけて北イタリアで開かれた「トレント公会議」であった。このあとカトリック教会は、内部を固め信仰をひきしめて、「反宗教改革」とよばれる、巻き返しの動きに出る。トレント公会議は、美術を軽視ないし敵視したプロテスタント諸派とは対照的に、それを、信仰を広め強化するための重要な手段として認めた。とくに、教義上の論争点に関しては、聖像や聖画の製作を、積極的に奨励した。こうして、聖人画やマリア像をはじめとする多くの美術作品が生まれ、その熱気の中から、バロック様式が成長していった。

その過程でしだいに明らかとなってきた傾向は、芸術作品を宗教的理念の客観的な提

エマオのキリスト（1629年、レンブラント画）

示や教義の説明にとどめるのではなく、人間と聖なるものとの神秘的な出会いの場、交流の場にしていこう、というものである。たとえば、バロック絵画の先駆者、エル・グレコの「オルガス伯の埋葬」（一五八六年）においては、地上と天界が同じ画面の垂直方向に対比され、あこがれ昇りゆくまなざしと松明の炎が、両者を静かな勢いをもってつないでいる。またレンブラント初期の「エマオのキリスト」（一六二九年）では、復活したキリストを弟子たちがそれと認める瞬間、すなわち超越的なものが現実へと侵入する瞬間が、光と影の効果によってあざやかに、劇的にとらえられている。また、ローマをはじめ各地に建設された聖堂の天蓋は、高まりゆく球面に霊的な世界の情景を描き込み、視線をその高みへと吸い入れることによって、内部にいる人間の思いを、いつしか天上の世界へと舞い上がらせてくれる。ローマのサンティニャーツィオ聖堂にある「聖イグナティウス・デ・ロヨラの栄光」と題するイエズス会伝道の絵画（A・デル・ポッツォ作）は、こうしたダイナミックな天井画の傑作である。
音楽では、どうだったろうか？　トレント公会議は、教会音楽から世俗的な要素を排除することを求めはしたものの、音楽に、こう書かなくてはならないという具体的な様式基準を設けたわけではなかった。このため音楽家たちは、それぞれの立場から、反宗教改革の理想にふさわしい教会音楽を追求してゆく。

古くは、ジョヴァンニ・ピエルルイージ・ダ・パレストリーナ（一五二五〜九四）の音楽が、会議の要請を理想的にふまえた宗教芸術の枠と考えられていた。しかし今日の目からみると、パレストリーナの音楽は、すべての意味で反宗教改革の理念を代表しているとは言えない。たしかにパレストリーナは、グレゴリオ聖歌の精神とその柔軟な調べを清純なポリフォニーによって再生させたという点で、模範的であった。しかし彼のいくぶん冷やかで抑制の利いた音楽には、新たにカトリック世界を満たすことになった、あふれるばかりの宗教的パトスが表現されていなかった。こうした時代感情に応えるのは、もっと劇的な音楽、すなわち、聖なる言葉のつつましい運び手たることを超え、むしろテキストを解釈しテキストの感情を強く掘り起こして、人間と聖なるものの出会いを演出しようとする音楽であった。そしてこれこそ、まもなく到来したバロック様式の音楽にほかならなかった。

ローマ、サンティニャーツィオ聖堂の天井画
（1691～94年、A・ポッツォ画）

パレストリーナとモンテヴェルディの〈クレド〉

ミサ曲の核心をなす「クレド」、すなわち信仰告白の章（第X章参照）の中程に、キリストの贖罪死を述べる、「十字架につけられ Crucifixus」のくだりがある。この部分に対する曲の付け方を、パレストリーナとモンテヴェルディで比較してみよう。パレストリーナのミサ曲《エテルナ・クリスティ・ムネラ》（一五九〇年出版）では、この部分はキリスト降誕を語る先行の部分とほとんど同じ手法で作曲され、パレストリーナらしい、よく協和した合唱ポリフォニーの、なめらかな起伏が続いている。パレストリーナは、美しい音楽に乗せて言葉そのものに語らせているのであり、音楽の側から、十字架という歌詞の内容に踏み込んでいこうとはしていない。

これに対し、宗教曲集《倫理的・宗教的森》（一六四〇年出版）の中に収められた、モンテヴェルディの作曲はどうだろうか。モンテヴェルディは、合唱に通奏低音を加え、パレストリーナが禁則として使わない半音階の下降句を次々に歌わせて、十字架の苦悩を、音楽自体を通して聴き手に実感させようとする。音楽はいまや言葉の運び手であることを超え、言葉の内容と一体になって、聴く者に強いパトスを目覚めさせるのである。言葉を音楽によって突っ込んで解釈し、音楽自体を宗教的なドラマの場

モンテヴェルディ作曲《倫理的・宗教的森》の〈クルツィフィクスス〉

としようという態度は、後述するバッハの《ミサ曲ロ短調》（一七四八〜九年）にもなおみることができる。

マリア崇敬の音楽

トレント公会議は、聖書のみを信仰のよりどころとしようとするプロテスタントの主張をしりぞけ、カトリック教会において伝統的に行われてきた、聖人や聖遺物の崇敬を支持した。崇敬の対象としてもっとも重要だったのは、イエスの母、マリアである。このマリアという存在のとらえ方をめぐって、カトリックとプロテスタントの教義は、鋭い対立を見せた。たとえば宗教改革者ルターは、マリアをごく平凡な悩める女性と解し、そんなマリアが神の子をさずけられたのは神の偉大な恵みであって、それゆえにこそ、われわれ凡人のすべてに救いへの希望が与えられる、という議論を展開している（一五二一年の『マニフィカト論』）。これに対しカトリック教会は、マリアを人のうちでももっとも気高く清らかな存在とみなし、マリアこそ神と人との仲立ちをする、選ばれた存在であるという見解を崩さなかった。このため、カトリック圏のバロック美術においては、マリアがなおさかんに、画題としてとりあげられている。たとえば当時のスペインの画家たち、ベラスケスやムリーリョには「無原罪のお宿り」と題する美しいマリア像があるが、これは、キリストを身ごもったマリアが人間の宿命である原罪からさえも浄められた、という当時スペインを中心に広まった考えをふまえながら、マリアの姿を女性美の理想として描き出したものである。

こうしたマリアへの崇敬は、音楽においても、種々のモテットや、十字架の下でのマリアの哀しみを歌う〈スターバト・マーテル〉（悲しみの聖母）として結晶した。第Ⅰ章で述べたモンテヴェルディの《聖母マリアの夕べの祈り》は、マリアを讃える音楽の一大記念碑ということができるだろう。その一曲、マリアを船乗りを導く天の星にたとえた〈めでたし、海の星〉は、マリアによせる古今のさまざまな音楽のうちでも、またモンテヴェルディの書いたすべての音楽のうちでも、もっとも美しいものに数えられる。

めでたし海の星
神を育てたもう御母、
とこしえの乙女にして
幸いなる天の門よ。

無原罪のお宿り（1668年、ムリーリョ画）

たぐいなき乙女、
やさしさ衆にすぐれたる御方よ、
われらを罪から解き放って
やさしく、貞潔にあらしめたまえ。

清らかな生を与え、
安全な道を備えたまえ。
われらがいつかイエスにまみえ、
とこしえに喜び合えるように。

オラトリオの誕生

宗教音楽の分野でオペラに対応する位置を占めるのは、オラトリオである。フィレンツェにおいてモノディ様式によるオペラが誕生した瞬間は、同時に、オラトリオの誕生が約束された瞬間でもあった。なぜならば、ギリシャ神話のような世俗的あるいは非キリスト教的な物語を扱ったドラマがオペラとなったのに対し、キリスト教的な素材を扱ったドラマは、オラトリオへの道を歩んだからである。このオラトリオという言葉は、もともと「祈りの部屋」という意味をもち、のちにそこから転じて、そこで演奏される宗教的音楽劇を指すようになった。

一般にオラトリオの最初の作品とされるのは、フィレンツェのカメラータのひとり、エミーリオ・デ・カヴァリエーリの作曲した《魂と肉体の劇》である。この作品は、ペーリの《エウリディーチェ》と同じ一六〇〇年にローマで上演されており、モノディ様式による音楽劇の、最古の例のひとつとなっている。このドラマには、魂や肉体、時間や知恵など、寓意的な人物が登場し、彼らの対話を通じて、この世の誘惑を離れて天国の幸せを目指すべきことが説かれてゆく。

肉体　魂よ、何を考えているのだ?
なぜいつも嘆いて
悲しそうにしているのだ?

魂　憩いと安らぎが欲しいのです。
喜びと楽しみが欲しいのに
不安と苦しみしか得られないのです。

肉体　さあ、この情欲を感じるがいい。

さあ、安らぎを得て
いかようにも楽しむがいい。
もうそのような水を飲みたいとは思いません。
燃えるような渇きが
ますますひどくなるからです……。

魂

（佐竹　淳訳）

この作品は、初演当時にはオペラ風に、衣装や舞踊を伴って舞台上演された。したがって、これを宗教的なオペラとして、オラトリオとは区別する考えもある。真のオラトリオ、すなわち舞台を作らず、音楽のみを聴かせて聴き手の想像力に訴えかける演奏会形式のオラトリオを大成させたのは、ローマのジャコモ・カリッシミ（一六〇五～七四）であった。

カリッシミの《イェフタ》

カリッシミは、ローマの礼拝堂で聖週間（受難節）前の時期に演奏するために、ラテン語によるオラトリオを作曲した。それらは旧約聖書に物語られた情景を独唱、合唱、管弦楽を用いてドラマティックに再現し、聴き手に深い宗教的感動を呼び起こそうとするものである。なかでも反響の大きかった作品は、《イェフタ》である。イェフタというのは、旧約聖書「士師記」に出てくる、古代イスラエルの指導者。彼はアンモン人との決戦にさいし、帰郷後最初に出会う人間をいけにえに捧げるという約束で神の加護を受け、戦いに勝つ。しかし凱旋するイェフタを迎えたのは、彼自身の娘であった。この出会いの瞬間のイェフタの驚き、喜びから悲嘆への気分の激変を、カリッシミは雄々しい筆使いで、印象深く音楽にとらえている。

語り手　主に誓いを立てていたイェフタは、
自分の娘が、迎えに出てくるのを見た。
彼は悲しみと涙に暮れ、
自分の衣を引き裂いて言った。

イェフタ　ああ、ああ、娘だとは！
ああ、お前は私を罠にかけた。
ひとり娘よ、お前は私を罠にかけた
お前もまた、ああ娘よ、罠にかけられたのだ……。

劇的ストーリーをもつ宗教音楽は、バロック時代の好みにふさわしいものであった。いいかえれば、宗教をドラマのためのかっこうの素材とみなしたのが、バロック時代であったということになる。このためオラトリオは、イタリアでオペラと密着した手法によって書き継がれたほか（イタリア語の作品が多い）、各国に、独自の発展をみている。フランスでは、カリッシミの弟子、マルカントワーヌ・シャルパンティエが師の後を継ぐすぐれたラテン語作品を書いたし、イギリスではヘンデルの活動を通じて、オラトリオ（英語作品）が劇場へと進出した。一方ドイツでは、オラトリオの一変種、ドイツ語による受難曲の発展が目立っている。

ルターの宗教改革

ここで、アルプスの北に目を向けてみよう。当時、北ヨーロッパはほぼプロテスタントの制するところとなっており、中部・北部ドイツと北欧はルター派、オランダとスイスはカルヴァン派およびツヴィングリ派、イギリスは、主として英国国教会の傘下に入っていた。このうち、バロック時代にもっとも実り豊かな宗教音楽を発展させたのは、ルター派であった。

マルティン・ルター（一四八三〜一五四六）の宗教改革が行われる以前には、ドイツ

宗教改革者ルター

のキリスト教礼拝は、ラテン語で行われていた。用いられる聖書も、いわゆるヴルガータ訳と呼ばれる、ラテン語のものであった。だが、一般の信徒でラテン語を理解できるものは少ないから、福音を知るためには、どうしても聖職者による手ほどきが必要となる。そこでドイツでは、ローマの教会から公認された司祭たちがドイツの民衆と神との仲立ちをし、その権威によって、ドイツをローマの文化圏に引き入れていた。

ルターは、一五一七年に始まる一連の改革を通じて、この状況を変えてしまう。彼は聖書をドイツ語に訳し、礼拝をドイツ語に改めて、ドイツの信徒が神の福音に、ひとりの個人として直接向かい合えるようにした。その過程でルターの基礎づけした近代的なドイツ語（新高ドイツ語）によって、ドイツ人には、自分の力と責任において読み、考え、論じる可能性が開かれた。これは、真にドイツ的な文化の形成へ向けての、大きな一歩であった。

コラールの成立

ドイツ語による礼拝では、もちろん聖歌も、ドイツ語によって歌われるのでなくてはならない。そこでルターは、ラテン語による高踏的なグレゴリオ聖歌に代えて、ドイツ語による庶民的な讃美歌、すなわちコラールを作り出した。コラールは、聖書の教えや信仰の内容を、いくつもの節《せつ》から成る詩（有節詩）の形に歌いこんだものである。狭義にコラールというときには、旋律ではなく、この歌詞の方を指す。

コラールは、すべての信徒が、親しみをこめて唱和できるものでなくてはならない。そこでルターは、コラールを乗せる旋律に、民衆が歌い慣れ、聴き慣れているやさしい調べをたくさんとりいれる方針を立てた。このためルターとその協力者、あるいは後継者たちのコラールに付けられた旋律のルーツをさぐってゆくと、宗教改革以前の聖歌や、民謡のように流布し親しまれていた調べが数多くみつかる。今日キリスト教の結婚式につきものの讃美歌が《家路》のようななじみの調べで歌われるのは、ルターのこうした精神の名残である。

したがって、コラール旋律の由来は、必ずしも宗教的でなくてもよい。たとえば、バッハの《マタイ受難曲》に大きく扱われて有名な、《おお、血と傷にまみれし御首《みかしら》》というコラール。これは、宗教詩人パウル・ゲールハルトが十七世紀半ばに作詞した比較的新しいコラールであるが、その旋律は、ハンス・レーオ・ハスラーの作曲した、《わが心は乱れ》という世俗歌曲からとられている。コラールの歌詞と、そのもとになった歌曲の歌詞は、次の通りである。

コラール「おお、血と傷にまみれ、痛みと辱めに襲われた御首《みかしら》よ。おお、嘲りのためいばらの冠を結われた御首よ……。」

歌曲「ぼくの心は乱れる、やさしい乙女がそうしたんだ。ぼくは千々に迷い、心は重い恋の病。」

失恋を歌った調べはこうしてキリストの受難の苦しみを思いやるものに変化し、斉唱された単旋律にはやがて種々の多声編曲がほどこされて、バッハに到った。バッハは《マタイ受難曲》のほか、いくつかのカンタータやオルガン曲でも、この旋律を用いている。

バッハの時代にこのコラールは、まったく宗教的な感動をもって歌われ、聴かれていたことであろう。しかしわれわれはそこに、教会の枠を越えた、民衆の素朴な生命力が宿されているのを聞き逃すわけにはいかない。聖俗の表面的な垣根を越えた深い根から、コラールはその生命を汲み取っている。こうした民衆的なコラールをどう教会音楽の中に生かしてゆくかが、ルター以後のドイツの音楽家たちの課題となった。コラールの編曲、すなわち、コラールに基づくオルガン曲やカンタータ、モテットなどがバロック時代のルター派宗教音楽の中心となり、また多くの名曲を生み出したことには、以上のような背景がある。

ルターからバッハへ

宗教改革をなしとげたルターは、音楽のすぐれた理解者であり、自ら作曲の筆もとった人であった。ルターは、音楽を人間に対する神の最高の贈り物と考え、音楽に、神の栄光を讃え人の心を慰める、すぐれた能力を認めた。礼拝の静粛と祈りへの集中を求めるあまり教会音楽を簡素化しようとしたカルヴァンらとは異なり、ルターは、礼拝で充実した音楽をいとなむことこそが、神の心にかなうものだと信じていた。しかもルターは、プロテスタント・コラールだけが神をよく讃えるとは考えなかった。カトリックの作曲家、ジョスカン・デ・プレを尊敬していたルターは、すぐれた音楽であれば、それはかならずや宗派を超えて神を讃えると確信していたのである。したがって、民間で歌われている世俗の旋律であっても、美しいものは、教会で歌われて少しもかまわないということになる。ドイツ・バロックの音楽は、こうしたルターの寛容な考えに基づいて発展した。そこでは、教会音楽と世俗音楽が、音楽の書き方を見ただけでは区別できないほど接近し、浸透しあっている。バッハがカンタータなどの教会音楽を世俗音楽と変わらぬ喜びで躍動させ、またその世俗音楽に教会音楽に劣らぬ祈りの充実をこめている背景には、ルターのこうした考えがあった。

Ⅳ　廃墟に流れる歌——ドイツ音楽の目覚めと発展

民衆的生命力の胎動

「宮廷や諸侯に捧げられた時代のままに貴族的であろうとはせず、いまわしい年月の圧迫にも耐えて、この芸術は、ドイツ的（民衆的）かつ真実のものであり続けてきました。……皆さんが親方たちの働きに厚意を寄せて下さるなら、神聖ローマ帝国がかすみのごとくに解体しても、神聖なるドイツの芸術は、いつまでもわれわれのものであることでしょう……」。

リヒャルト・ワーグナーの楽劇《ニュルンベルクのマイスタージンガー》（一八六七年）のフィナーレで、靴屋の親方ハンス・ザックスは、彼らの歌芸術を、こうした言葉でたたえている。都市の手工業者たちがマイスタージンガー（親方歌手）として自作自演の歌に職人芸を競ったのは十六世紀、宗教改革時代の前後であったが、ワーグナーは、ドイツ精神の生き生きした胎動をこの時代の民衆の中に認め、因習の中から自由で力強い芸術が開花してくるさまを、自作の舞台上で演じさせたのであった。今日の目からすれば、マイスタージンガーの芸術自体は、特筆すべきものとはいえない。しかしワーグナーがあえてそれをとりあげたのは、ルターによる宗教改革の成った当時のドイツに、下から文化的な生命力が湧き上がり始めていたことを重く見たからであろう。前述したように、人々はいまやっと、自分たちの言葉で祈りをささげ、讃美歌を歌い、聖書を読むことができるようになったのである。

宗教や学問の世界でラテン語が支配的であったのに対し、ドイツ語はそれまで、俗世界の言葉、民衆の言葉であった。したがって、「ドイツ的 deutsch」という言葉はもともと、「民衆的」という意味合いを含んでいる。この事情は、ルターがその聖書翻訳を通じて、ドイツ語を美しく力ある言葉に整えたあとも、基本的には変わらなかった。同じことは、音楽についても言うことができる。外国のポリフォニー様式を模倣した曲はいざ知らず、われわれに「ドイツ的」な個性を感じさせる音楽は、世俗曲であれコラールであれ、当初から一貫して、すぐれて民衆的な特徴をもっているのである。

塔からの吹奏

南独バイエルン州の首都、ミュンヘンを今日訪れる人は、まずマリア広場を訪れるにちがいない。そこには新市庁舎の塔が高くそびえ、その塔の中程には、中世の出来事を記念した人形が飾られている。十一時と五時になると音楽が鳴り響き、人形たちは、それに合わせて踊り出す。

十九世紀に作られたものながら、この愛すべき機械仕掛けにはどこか、バロック時代の都市生活において音楽が果たしていた役割を想起させるところがある。当時ドイツの都市では、日常生活のおりふしに、職業的な生演奏が入りこんでいた。楽器をとるのは、シュタットプファイファー（町楽師）とよばれる人たちであった。彼らはトランペットを吹き鳴らしたり、ツィンク（コルネット）あるいはサックバット（トロンボーン）といった管楽器を演奏して街頭をにぎわせ、祝祭や行事を盛り上げた。中でも特色のあったのが、市庁舎や教会の高くそびえる塔の上で、行われる吹奏である。塔から素朴な楽の音を響かせることによって、楽師たちは市民に時刻を知らせ、また、火事や緊急の出来事を知らせたのである。

塔における定期的な演奏の記録は、十六世紀初めのハレ（ライプツィヒの北西）にさかのぼり、バロック時代には、各地の都市へと普及していった。たとえば十七世紀後半のライプツィヒでは、毎日午前十時と夕方の六時に、市庁舎のバルコニーから吹奏が行われていた。こうした演奏のために、イントラーダや舞曲、ソナタといった親しみやすい音楽が、数多く書かれている。その中では、バッハより半世紀前にライプツィヒで活躍した町楽師、ヨーハン・クリストフ・ペーツェル（一六三九〜九四）の作品が、今日でもよく演奏される。

アルンシュタットの町楽師の演奏
トロンボーンとツィンク（右）

シュタットプファイファーたちは、日曜祝日には教会音楽の演奏にも加わった。そのさいには、教会付属学校の生徒たちによる合唱団（カントライ）が、清らかな歌声を響かせるのが常であった。祝日の重要度に応じて、また都市の大きさや力によって楽器の参加はさまざまであったが、どんな礼拝においても主役を演じた楽器が、パイプ・オルガンである。

楽器の王、オルガン

ドイツは、国土の大半が、たんたんたる平原である。したがって牧草地や森林が果てしなく広がるという景観が多いが、散在する町や村にはきまって鋭く天を突くような教会がそびえ、風景をひきしめている。教会の中に足を踏み入れると、どんな小さな教会にも意外に堂々たるオルガンが備えられていて、驚かされることが多い。キリスト教会はふつう、垂直に高く伸びる空間をもつ。正面を入るとまず目につくのが、十字架を飾った祭壇。そして手前をふりかえると、高いところにオルガンのパイプが、天をめざすがごとくに競い立っている。ふいごから送られる風がこのパイプを鳴らし、残響豊かな聖堂の空間に、その響きをこだまさせるのである。旅先で運よくその響きに触れると、まことに、心を洗われるような思いがする。そして多くの人々が、日曜日に耳にしたオルガンから、音楽の美しさに目覚めてゆく。

オルガンは、バロック時代には「楽器の王」と呼ばれ、種々の機能を一身にあわせもっていた。手で弾く鍵盤はふつう複数あり、響きによって使い分けることができる。足で弾くペダル鍵盤は、重低音用。鍵盤の両脇にはストップが装備され、これを引いてパイプの組み合わせを変えることによって、オルガンは、じつに多種多様な響きを発する。

おごそかな合奏も、輝かしいソロの効果も、また聖堂をゆるがすようなフォルテや瞑想的なピアノも、オルガンには意のままである。オルガンは、キリスト教を奉ずる国々に紆余曲折を経ながらも普及し、それぞれの風土性に根ざしたスタイルと作品を生み出したが、中でも発展の著しかったのが、バロック時代のドイツだった。オルガン音楽は、当時ドイツが他国に誇ることのできた、ほとんど唯一のジャンルであったといっても言

教会空間（リューネブルク聖ヨハネ教会）

い過ぎではない。

そもそもドイツ人は、論理的な構成を好む民族である。彼らは、ちょうど深い森から天を望むように、高みへと垂直に迫ろうとする発想をもっている。そのためであろうか、ドイツのオルガンは、響きを積み重ね、音楽を分厚く構築する楽器として発展した。そこではペダルによる低音部が独立して著しく発達し、その重厚な支えの上で、いくつかのパイプ群が、響きのくっきりした対比を競ったのである。こうしたドイツ・オルガンの代表的な名器は、バッハの時代に、シュニットガー、ジルバーマンといった製作家たちによって作られている。ちなみに、イタリア、イギリスのオルガンはペダルをもたないものが多く、どちらかといえば、旋律楽器としての色彩が強く感じられる。また、ドイツに劣らぬ発展をとげたフランスのオルガンでは、個性的な音色をもつ、管楽器風ストップの発達が目立っている。こうしたオルガンを用いたド・グリニーやフランソワ・クープランの典雅なオルガン作品は、ドイツのそれとは一味違った魅力に秀でている。

スウェーリンクとオランダ

ドイツがオルガン音楽の王国であったといっても、その発展のためには、外国からの刺激が欠かせなかった。音楽家たちの模範としてとくに重要だったのは、バロック初期の二大オルガニスト、イタリアのフレスコバルディとオランダのスウェーリンクの芸術である。とくにオランダのヤン・ピーテルスゾーン・スウェーリンク（一五六二〜一六二一）は、ドイツのオルガニストたちの直接の師となったという意味で、忘れるわけにはいかない。

スウェーリンクの時代に、オランダは、世界的な強国へとのしあがっていた。スペイン領ネーデルラントの一部だったオランダがカルヴァン主義を奉じ、カトリックの老大国、スペインに反旗をひるがえして分離独立したのが、一五八一年。こうして生まれた「ネーデルラント連邦共和国」は、外国貿易を通じて急速に力をつけ、アジアや新大陸にも進出して、世界一の商業国家の地位を得た。オランダ商人が桃山・江戸初期の日本にも渡来して貿易活動を行っていたことは、よく知られている。

こうした繁栄はオランダに、かつてない文化的活況を生み出した。中でも美術の充実は著しく、十七世紀には、ハルス、レンブラント、フェルメールらが輩出。国境をへだてたカトリック地域、スペイン領南ネーデルラント（現ベルギー）にも、時を同じくしてルーベンス、ヴァン・ダイクのような名画家が出ており、ネーデルラント地域は、バロック絵画の宝庫だったことがわかる。十七世紀のオランダでは、ロイスダールらによって、風景画のジャンルも創始された。「ヴェイクの風車」をはじめとする当時の風景画には、風が雲を吹きあげる荒々しいオランダの気候が、激しい動きの気配とともに画布にとらえられている。

こうした時代が始まろうとする頃、アムステルダムの旧教会のオルガニストをつとめ、質実剛健の市民たちに音楽の憩いを提供していたのが、スウェーリンクであった。スウェーリンクは、ファンタジア、トッカータ、変奏曲など鍵盤音楽ジャンルに、その最良の業績を残している。有名な《わが青春はすでに過ぎ去り》は俗謡に基づく変奏曲だが、そこには、進取の気象に富む市民的な風土にのみ生まれる、やわらかな感性の魅力が感じられる。

私の若い命は終わってゆく。喜びも、ああ、悲しみも。
私のあわれな魂は、まもなく体から別れるだろう。
私の命は、長くはあるまい。
それははかなく、確実に過ぎ去ってゆく。
私の悲しみも、こうして流れ去るのだ。

このオランダには、教会の鐘を鍵盤で演奏する、カリヨンという楽器も普及していた。

時刻ごとに鐘楼から町なかへと鳴り渡ってゆく鐘の音楽は、バロック時代のオランダにおける、魅力的な音の風物であったにちがいない。

シャイトからブクステフーデへ

スウェーリンクは、ドイツ人の弟子を何人も育てたため、「ドイツのオルガニスト作り」という異名を捧げられた。その弟子たちの世代に、オルガン芸術の中心は、ドイツへと移ってゆく。その最初の大家は、ザームエル・シャイト（一五八七～一六五四）であった。

シャイトと、ヨーハン・ヘルマン・シャイン（一五八六～一六三〇）、および後述のハインリヒ・シュッツの三人を、ドイツ初期バロックの「三S」と呼ぶことがある。この三人は、ミヒャエル・プレトーリウスの後を継ぐ、十七世紀前半のドイツ音楽の代表者だった。このうちシャイトはオルガン音楽にすぐれ、一六二四年に、《新譜表 Tabulatura nova》と呼ばれる、すぐれた曲集を出版している。これは、オルガン曲を従来のようなタブラチュア（演奏法を文字や符号で指示した楽譜）ではなく、五線譜の形で記したものである。この改革によってシャイトはオルガン音楽の近代化に貢献し、外国からの影響とドイツの伝統を総合しつつ、真にドイツ的なオルガン芸術の創作に一歩を踏み出した。

シャイトの芸術を受け継いだ人々のうち、バッハ以前の最大の巨匠と目されるのは、ディートリヒ・ブクステフーデ（一六三七～一七〇七）である。ブクステフーデは、バルト海に接する北ドイツの港町、リューベックの聖マリア教会のオルガニストをつとめ、その卓越したオルガン演奏と「夕べの音楽」によって、広い名声を博した。「夕べの音楽」というのは、クリスマス前の日曜日にオルガン曲やカンタータを演奏して聴かせる教会コンサートで、ドイツにおける公開演奏会の先駆とされるものである。バッハは二十歳のとき四百キロ近い道を遠しとせずにリューベックにおもむき、名高い老巨匠の幻想豊かな演奏に耳を傾けた。そしてそのときに受けた強い印象が、彼の音楽活動を、のちのちまで規定し続けたのであった。

リューベックの聖マリア教会

バッハの場合と同じように、ブクステフーデの音楽作品も、コラールを用いたものと、そうでない自由作品に大別される。自由作品の主流は〈プレリュード〈またはトッカータ〉とフーガ〉で、これは、自由で即興的なプレリュードの部分と、厳格な構造をもつフーガ部分とを、何度か交互に出す形で書かれている。《プレリュードとフーガ嬰ヘ短調》は、そのうちでも、もっとも有名なものである。

三十年戦争

しかし、十七世紀におけるドイツ音楽の発展は、決して平坦な道をたどって行われたわけではなかった。いやむしろ、この時代の音楽家ほど、困難な環境に耐えることを強いられた人々はなかったというべきだろう。ここでもう一度時代をさかのぼり、ドイツの歴史をふりかえってみることにしたい。

ルターが宗教改革を始めた頃のドイツ、すなわち神聖ローマ帝国は、「ローマ帝国のキリスト教的後継者」という、中世以来の非ゲルマン的な理念をなお掲げていた。皇帝は、選帝侯と呼ばれる七名の大領主によって選挙され、当時はオーストリアのハプスブルク家から選ばれるのが習いになっていたが、その統率力はゆきわたらず、各地では、その数三百といわれる大小の領邦の君主たちが、いわば群雄割拠の形で、勢力を伸ばしていた。そうした中で宗教改革の動きが起これば、領邦間の対立が激化するのは目に見えている。宗教改革によって引き起こされた直接の内乱には、一五五五年のいわゆるアウクスブルク宗教和議によって、一応の終止符が打たれた。しかし、中部・北部ドイツを制するルター派諸侯と南部に勢力を張るカトリック諸侯の宗教的・政治的対立の火種はその後もくすぶり、十七世紀に入るや、大爆発を起こす。これが、ボヘミアの新教徒弾圧をきっかけに始まった、三十年戦争（一六一八〜四八年）である。

この三十年戦争は、ドイツの歴史においても、第二次世界大戦をはるかに上まわる、もっとも悲惨な戦争であったといわれている。諸領邦を二分しての戦いは、諸外国の干渉・出兵によってドイツ領内での国際戦争へと発展し、治安は崩壊し疫病が蔓延して、ドイツは悲惨きわまりない状況となってしまった。戦前に千八百万あったといわれるドイツの人口は、戦争が終わってみると、わずか七百万人に減少していた。経済もこれによって大打撃を受け、およそ二百年たち遅れたといわれている。当時の戦時体験をもとに書かれた小説、グリンメルスハウゼンの『ジンプリチシムスの冒険』（阿呆物語）には、戦争中の人々の明日をも知れぬ暮らしが、ユーモアをまじえて、リアルに描かれている。

「……それからどの兵隊もそれぞれとんちんかんなことをやり始めたが、そのどれもが落花狼藉といった感じを与えた。……何頭もの家畜を刺し殺し、それを煮たり焼いたりする兵隊があるかと思うと、……ストーブと窓をたたきこわす兵隊もあった。……下男は手足を縛られて地面にころがされ、口へ木片を立てられて口をふさがらなくされ、臭い水肥を乳搾りの桶から口へ注ぎこまれた。」（望月市恵訳）。

ドイツ音楽の父、シュッツ

胎動を始めたばかりのドイツ音楽にこうした戦禍が大きな打撃を与えたことは、想像にかたくない。だがその中に、強い精神の力でドイツ音楽の火をともし続ける偉大な音楽家の姿があった。その音楽家こそ、「ドイツ音楽の父」とよばれる、ハインリヒ・シュッツ（一五八五〜一六七二）である。

ドイツ音楽はいわば遅咲きの芸術であるから、その発展のためには、外国の進んだ技法の吸収が欠かせなかった。当時の音楽における最先進国は、アルプスの南の輝ける国、イタリアである。このため、十六世紀の後半から、ドイツ人音楽家のイタリア留学が盛んになりつつあったが、シュッツも、先輩のハンス・レーオ・ハスラーに続いてイタリアの土を踏み、イタリアで発展していたバロック的・劇的表現の技法を、ドイツに持ち帰った。ドレスデンの宮廷楽長をつとめながら、シュッツは、イタリア語のモノディをドイツ語レチタティーヴォへと変貌させ、ドイツ最初のオペラ《ダフネ》（一六二七年）を作曲する。

しかし彼の本領は、ルター派の教会音楽であった。ルター訳聖書の力強く味わい深いドイツ語が、シュッツの声楽コンチェルトやモテット、オラトリオにおけるほど的確に音楽化されたことはかつてなかったし、またドイツ音楽が、これほど強靭な表現力を獲得したのも、はじめてのことであった。しかもシュッツは、その高度の表現力を、ほんのわずかの、切り詰められた音のみによって実現したのである。いつ終わるとも知れぬ戦争の中にあっては、音楽家は、手段の制約に甘んじるほかはなかった。しかしシュッツは内面に目を注ぎ、テキストを厳しく掘り下げることによって、繁栄時の音楽では届くことのない深みにまで、表現を到達させたのである。

ハインリヒ・シュッツ

死に憧れる音楽

戦禍に苦しんだドイツの人々は、この世を「涙の谷」とみなし、死に、その隘路からの解放を期待した。したがって、ドイツ・バロックの文学や詩には、現世を否定して来世に憧れのまなざしを注ぐ、あるいは、復活や永遠の生命に期待してこの世の死を待ち望む、という発想をしばしば見ることができる。こうした厭世的な世界観は、多くのコラールや教会音楽のテキストにも、濃厚に打ち出された。一例として、シュッツが知人の貴族、ポストフームス侯爵の依頼で作曲した《音楽による葬儀》(ムジカーリッシェ・エクセークヴィエン)SWV二七九〜二八一と呼ばれる作品を調べてみよう。

この作品の第一部は、侯が自分の柩に彫りこませた聖書およびコラールの語句に作曲した、声楽コンチェルトになっている。ポイントは、その後半。合唱でこの世の空しさが厳しく強調されると、テノールは、目を救い主キリストへと注ぎ、その贖いに思いを馳せる。すると音楽には生気がみなぎり始め、続く合唱において、復活と永遠の命への希望が、明るく開かれてくる。

ああ、この世で過ごすわれらの生の、なんと惨めなことか。老いゆくと見る間に、死なねばならぬ。ここ涙の谷においては、幸いに恵まれた者にすら、至るところ、骨折りと労苦がある。

（J・ギーガスのコラールから）

私は知る、私を贖う者は生きておられる。のちの日に、あの方は私を地中から目覚めさせるであろう。

（旧約聖書ヨブ記から）

あなたが死からよみがえりたもうたからには、私も墓に朽ち果てることはないでしょう。あなたの昇天は、わがこよなき慰め。死の恐れを、あなたは追い払ってくださいます。

（N・ヘールマンのコラールから）

渋く簡潔な作品ながら、内側からわき上がってくる説得力は、不思議に強い。この音楽をシュッツは、先立ってまもない妻への追悼の思いをこめて作曲したのだった。なお、中間のヨブ記のテキストは、ヴルガータ訳の伝統をふまえて、キリストの復活への預言と解釈されている。しかし最近の旧約聖書研究によれば、ヘブライ語の原典に復活の意味はなく、ルターはここで、ユダヤの原典に対するキリスト教的な読み込みを行ったとされる。シュッツの音楽は、そのいわば意味深い誤訳に触発されて、流れ出たことになる。

死や受難をテーマとする音楽にとりわけ深い感動を注ぎこんだという意味で、シュッツは、ちょうど一世紀あとに生まれるバッハの先駆けをなす人であった。なかでも感銘深い作品に、三十年戦争の末期に書かれた《十字架上のイエス・キリストの七つの言葉》ＳＷＶ四七八（一六四五年頃、新説では一六六二年）がある。だがシュッツは、劇的な情景を描く独唱曲や重唱曲、また明るい讃美の音楽にも、卓越した手腕を発揮した。三十年戦争が終わった後に作曲された晩年の《クリスマス物語》ＳＷＶ四三五（一六六〇年）には、キリストの降誕に寄せる喜びと祝いの感情が、素朴に躍動している。暗く冷たい十七世紀においても、クリスマスの期間ばかりは、人々の心にあたたかな火がともされたのにちがいない。

V　歌うヴァイオリン——イタリアにおける器楽の興隆

器楽の自立と発展

バロック音楽という言葉から人が思い浮かべるのは、器楽であろうか、声楽であろうか。古いファンの方は、おそらく器楽とお答えになるだろう。後期バロックのコンチェルトやソナタが、わが国でまず広く聴かれ、愛好されたからである。しかし私は、声楽曲をこそ、少しでも多くの方に聴いていただきたいと思っている。バロック音楽は言葉の的確な表現をめざして生まれて来ただけに、その本質は、器楽でなく声楽にあり、大曲・名曲の層も、声楽の方がずっと厚いからである。しかしバロック時代には、器楽もまた、めざましく発展した。バロック音楽の歴史は、器楽が重みを増し、声楽とほとんど肩を並べるにいたる歴史とも、みることができる。

バロック時代に器楽が発展したといっても、この頃急に、いろいろな楽器が作られはじめたわけではない。楽器そのものは音楽の歴史とともに古くから存在したし、古代や中世に使われた楽器、あるいは諸民族の用いてきた楽器のヴァラエティの豊かさには、目を見張るものがある。しかし、中世からルネサンスにいたる音楽史をひもといてみても、楽器だけで演奏する曲、すなわち純粋な器楽曲の楽譜は、めったにみつからない。たとえば、中世の騎士歌人（トルバドゥールやトルヴェール）の歌には楽器の伴奏がついていたが、その響きは、歌の旋律の周囲を飾りながら動くのみで、独立したパートをなしていたわけではなかった。またルネサンス時代のポリフォニー音楽の演奏にも楽器はよく参加したが、それは、どこかの歌のパートの代わりをつとめたり、歌を重ねたりする役割にとどまっていた。即興され歴史とともに消えていった音楽（踊りの伴奏など）はいざ知らず、楽譜に書き記して残される「作品」の場合、作曲家は声楽を念頭において作曲し、器楽は状況に応じて、その演奏を代行するに過ぎなかったのである。

ルネサンスも十六世紀に入ると、器楽だけで演奏される曲が増加してくる。だがそれはまだ、声楽曲の書き方を模倣しながらの、ほそぼそとした試みにすぎなかった。この段階を乗り越え、器楽が本格的な発展をはじめるのは、十七世紀、バロックの声を聞いてからである。

バロックにおける器楽曲発展のきざしは、黎明期におけるモノディの形成の中に、すでにみてとることができる。モノディは、言葉を朗唱する歌声部とこれを支える通奏低音の二つの要素から成るものであるが、そこではすでに歌と楽器の違いが意識され、役割の分担が始まっているからである。以後、音楽家たちは、歌の魅力をとぎすます一方で、楽器にふさわしい、あるいは、楽器でなくては演奏できないパートを作り出す方向に進んだ。それにつれてバロック音楽は、ルネサンス音楽とはくらべものにならないほどの多彩な表現力を獲得していった。

先駆者、ガブリエーリとフレスコバルディ

バロック・オペラの中心地ヴェネツィアは、他の都市に先立って、器楽の育まれた地でもあった。すでに述べたように、当地のサン・マルコ大聖堂やその前の広場ではしばしば贅を尽した行事が行われ、音楽がそれを華麗に彩っていたが、こうした機会には楽器が重要な役割を演じ、そこから、器楽による合奏音楽が発達していった。その精華はおそらく、世紀の変わり目にオルガニストをつとめていたジョヴァンニ・ガブリエーリ（一五五三／六～一六一二）の、管楽器を主体とした合奏音楽であろう。彼のカンツォーナやソナタは、今日でもその華やかな効果を愛されて、金管楽器のコンサートなどで、

サン・マルコ広場での祝賀行事（1496年）

よく演奏される。なかでも有名な作品に、《ピアノとフォルテのソナタ》（一五九七年出版）がある。この曲の楽譜には、歴史上はじめて音の強弱が指定されており、その効果と、二つの合奏グループを掛け合わせるサン・マルコ大聖堂の空間特有の効果を用いて、立体感のある音楽が進められてゆく。これは、バロックで発展するコンチェルト様式の音楽に、ひとつの先鞭をつけるものであった。

イタリアにおけるバロック器楽の初期の大家としてもうひとり忘れてならないのは、ジローラモ・フレスコバルディ（一五八三〜一六四三）である。彼は、オルガン演奏の抜きんでた名人として人気が高く、一六〇八年にカトリックの総本山、ローマのサン・ピエトロ大聖堂（ヴァチカン）のオルガニストに就任したさいには、その就任演奏を聴きに、じつに三万人もの聴衆がつめかけたといわれている。ほぼ同じ時期に活躍したスウェーリンクが北方のオルガン芸術の流れを作り出したのに対し、フレスコバルディは、南方の源流に位置する大家である。この二つの流れは、やがてバッハにおいて、すばらしい総合を得ることになる。

みやびな宮廷楽器、チェンバロ

チェンバロ音楽の作曲家としても、フレスコバルディは重要な存在であった。オルガンが教会の楽器であるとすれば、チェンバロは宮廷の楽器である。チェンバロはまた、富裕な貴族や市民の家庭にも置かれて、音楽の楽しみや勉強の基礎となった。この楽器は、キイを押すと、鳥の羽軸や皮でできた爪が、弦をひっかいて音を出す。このため、タッチで音に変化をもたせることは、あまり期待できない。しかし、オルガンと似た鍵盤の弾き替えやストップの操作によって、複数の対比的な音量・音色を得ることはできる。その冴えざえとして典雅な響きは、小さな空間、たとえば宮廷のみやびな一室で、すばらしい効果をあげる。

オルガンが教会建築の欠かせぬ一部分であるように、チェンバロも、貴族たちにとっ

リュッカースのチェンバロ
（1612年、ヘンデル所蔵？）

ては、大事な家具調度のひとつだった。このため、当時の多くのチェンバロにはカラフルな絵が書きこまれ、その優雅な造形とともに、人々の目を楽しませた。チェンバロの製作はまずイタリアで盛んになったが、十六世紀の終わりからはフランドルのリュッカース一族が台頭して、イタリアン・タイプに対してフレミッシュ・タイプとよばれる、多くの名器を残している。いくつかの楽器に書き込まれた「かく世の栄光は過ぎゆかん Sic transit gloria mundi」という言葉は、束の間に消え去ってゆくチェンバロの響きに重ね合わされた、バロックの人々のこの世への思いではなかったであろうか。

フレスコバルディは、個性的な霊感を奔放にかけめぐらせた音楽によって、チェンバロの表現力を高めた。即興性の自由な発露を聴かせる彼のトッカータは、声楽から自立しつつあったイタリア器楽の、最初の偉大な成果に数えられる。

ヴァイオリンの発展

しかし、バロック時代におけるイタリア器楽の神髄は、弦楽器の分野に求められなくてはならない。とくにヴァイオリン属の発展こそ、イタリア音楽の、時代に先駆けた新しさの象徴であった。なぜならば、フランスやイギリスにおいては、ルネサンス時代に発達したヴィオラ・ダ・ガンバの合奏が、十八世紀の声を聞くまで、根強く愛好され続けたからである。

ヴィオラ・ダ・ガンバ属の楽器とヴァイオリン属の楽器の違いを調べてみよう。ヴァイオリン属においては高音楽器が中心になるのに対し、ヴィオラ・ダ・ガンバ属では、ほぼチェロの音域に相当する楽器（バス・ヴィオール）が、通奏低音楽器としてだけでなく、独奏楽器としても重用される。ヴァイオリンが肩に乗せて（当時はあごにはさまずに）演奏されるのに対し、ガンバは、膝にはさんで奏く。ヴァイオリンに対応する小さな高音楽器（トレブル・ヴィオール）も、縦に膝に乗せて演奏されるのである。

また、ヴァイオリンの弦は四本に整理され、それぞれ五度の音程間隔で調弦されているが、ガンバはおおむね六本（ときには七本）の弦をもち、それらは四度間隔に調弦される。ガンバは、指で押さえるネックがフレットで区切られ、弓でひくギターのような趣をもっているのに対し、ヴァイオリンには、フレットが存在しない。さらに、ガンバは薄い木材によって平面的に作られているが、ヴァイオリンは弾力を利用した、頑丈でダイナミックな作りになっている。同じことは、弓についてもいうことができる。

ヴァイオリンは、こうした構造によって、広い音域にわたってむらのない、朗々として輝かしい音を得ることができた。それは逆にいえば、くすんで渋味のある魅力を失ったことにもなる。ヴァイオリンが当時の人々に与えたイメージがどんなものであったかは、たとえばヘンデルの《聖セシリアの日のための頌歌》（一七三九年）におけるヴァイ

ヴィオラ・ダ・ガンバの演奏
（1659年）

オリンに寄せるアリアから知ることができよう。

鋭い音のヴァイオリンは
誇り高き佳人への嫉妬の苦しみと絶望
狂おしい怒り
そして苦痛、情熱の極みをうたいあげる……。

（奥田宏子訳）

このためフランスやイギリスは、ヴィオラ・ダ・ガンバの典雅さを、なかなか捨てることができなかった。しかし、オペラを成立させ、華やかな歌の王国として他国に先駆けていたイタリアにおいては、歌唱芸術の向こうを張る花形楽器は、どうしてもヴァイオリンでなくてはならなかった。

当時と今のヴァイオリン

こうしてイタリアでは、ヴァイオリンの製作が盛んになる。それは十七世紀のクレモーナで絶頂に達し、ストラディヴァーリ、アマーティ、グァルネーリらの名工が、今日の科学技術でさえおよびもつかないような、すぐれた楽器を作り出した。彼らの楽器はすべてのヴァイオリニストの垂涎の的であるが、今日使われているストラディヴァーリやアマーティは、本来の楽器に、種々の改変を加えたものである。当時の楽器、すなわちバロック・ヴァイオリンは、スチールでなく羊の腸で作られたやわらかな弦をもち、今日ほどネックを強く反り返らせない、より自然な形をしていた。弓も短めで、外側にあまり反っていなかった。このためバロック・ヴァイオリンは、大きな音量と持続的な

バロック・ヴァイオリンの演奏

長いフレーズで勝負することはできず、奏者はむしろ、響きの自然で明晰な質感と、話し言葉のような旋律の区切り（アーティキュレーションと呼ぶ）に、表現のポイントを置いていた。こうした楽器の特徴は作曲とも密接にかかわっているため、当時のままの楽器を使うと、バロック音楽の演奏に思わぬ効果があがることが、最近では認識されつつある。なお、演奏のさい楽譜の細部は奏者の自由な即興に委ねられることが少なくなく、ヴィブラートによる音のゆらしは、一種の装飾として、ここぞという音にのみ用いられた。

コレッリのトリオ・ソナタ

さて、イタリアのヴァイオリン音楽は、十七世紀の前半から、フォンターナ、チーマ、ファリーナといったヴァイオリニストたちの手で、前進を始める。中でも、ビアージョ・マリーニ（一五八七頃〜一六六三）の技巧的・音楽的貢献は大きかった。並行してヴァイオリンは、それまで種々雑多に編成されていたオーケストラの主力楽器へと、のしあがってゆく。こうした前提を受けて、ヴァイオリン音楽に古典的な完成をもたらす音楽家が登場した。それが、アルカンジェロ・コレッリ（一六五三〜一七一三）である。

マッテゾン（第Ⅶ章参照）が「すべての音楽家の王」とたたえたコレッリは、一六七〇年代から、ローマの宮廷を中心に音楽活動をくりひろげた。したがって彼は、バロック音楽史のほぼ中央に位置する人ということになる。ヴァイオリンの名手であった彼は、それまでさまざまに試みられてきた三声部楽曲の形を洗練し、「トリオ・ソナタ」と呼ばれる、バロック室内楽のもっとも基本的な形態を確立した。トリオ・ソナタは四人の奏者によって演奏されるのが原則で、ふつうチェロ（リードをもつ木管楽器が上声部の場合はファゴット）とチェンバロ（教会ソナタではオルガン）によって担当される通奏低音が、低音旋律に即興的な和声をまとわせつつ、全体を支える。そしてその上で、二つのヴァイオリン（他の旋律楽器でもよい）が、旋律を競い合ってゆく。こうした書き方をむだのない簡潔さで追求し、さわやかで気品ある美しさを装わせたのが、コレッリの作品であった。

コレッリのトリオ・ソナタは、教会ソナタ（作品一、三）と室内ソナタ（作品二、四）の二つのグループに分かれる。教会ソナタ（ソナタ・ダ・キエーザ）とは、教会で演奏される、あるいは教会風の雰囲気をもつまじめで重々しい曲想のものを指し、ふつう、緩急緩急の四つの楽章で書かれた。一方、室内ソナタないし宮廷ソナタ（ソナタ・ダ・カメラ）は、もともと宮廷における踊りの音楽から出たもので、舞曲のリズムを連ねた、くつろいだ曲想をもっている。コレッリの室内ソナタの場合は、プレリュード（前奏

アルカンジェロ・コレッリ

クイケン兄弟によるトリオ・ソナタの演奏
(提供＝ソティエ音楽工房、撮影＝林喜代種)

曲）のあとに、アルマンド、クーラント、ガヴォットなどの舞曲が続いてゆく。（このタイプのソナタは、しだいに、「組曲」ないし「パルティータ」と呼ばれることが多くなった。）こうしたトリオ・ソナタは、以後室内楽の基本的なジャンルとして各国に普及し、定着した。なおコレッリには、独奏ヴァイオリンのためのソナタ集（作品五）もある。これもまた、十八世紀に大きな影響を与えた重要な曲集であり、その中には、スペイン舞曲に基づく変奏曲《ラ・フォリア》のような人気作品が含まれている。

コンチェルト・グロッソの完成

コレッリの業績としてトリオ・ソナタに劣らず重要なのが、コンチェルト・グロッソ、いわゆる合奏協奏曲の様式の完成である。すでに述べたように、バロック時代には競い合いや対立、対照が作曲の根本的な原理とされたため、コンチェルト風の技法は、ほとんどすべてのジャンルにおいて、さまざまな形で培われてきていた。だが、それが整った作曲法としてひとつの規範にまで高められたのは、一六八〇年前後から作曲されたコレッリのコンチェルト・グロッソ（作品六として一七一四年に出版）においてである。

ソナタと同じように、コンチェルト・グロッソも、教会コンチェルト（コンチェルト・ダ・キエーザ）と、室内コンチェルトないし宮廷コンチェルト（コンチェルト・ダ・

コレッリ作曲《クリスマス協奏曲》第4楽章（上段がコンチェルティーノ）

カメラ）の二種に分かれる。だがそのどちらも、コンチェルティーノという小グループとリピエーノという大グループの音量の対比を骨格として、音楽が進められてゆく。

有名な《クリスマス協奏曲》（作品六の八、ト短調）のアレグロを例にとってみよう。コンチェルティーノ（上の三段）は二つのヴァイオリンと通奏低音によって構成され、それ自体、トリオ・ソナタの編成をもっている。これは音楽の主導権を握る形でたえず演奏し続けるが、そこには要所要所でリピエーノ役の奏者（下の四段）が加わり、豊かな音量によって、表現に彩りを添える。すなわちコンチェルト・グロッソとは、合奏の奏者を強化したトリオ・ソナタにほかならないのである。このグロッソ様式も諸国の音楽家によって模倣されたが、十八世紀におけるそのもっともすぐれた継承者は、イギリスで活躍したヘンデルであった。

ヴィヴァルディのソロ・コンチェルト

コレッリの次に出現したイタリアのヴァイオリンの大家は、アントニオ・ヴィヴァルディ（一六七八〜一七四一）である。ヴェネツィアで「ピエタ」という女子の孤児院の音楽教師をつとめていたヴィヴァルディは、四百曲を越える明るいコンチェルトやソナタ、オペラや宗教音楽を世に送ることによって、イタリアのバロック音楽に、最後の華やぎを与えた。

ヴィヴァルディははじめ、トリオ・ソナタやコンチェルト・グロッソを書いて、コレッリの伝統を受け継ぐ。だが彼はまもなく、ひとつのヴァイオリンを独奏させ、さながらオペラのプリマ・ドンナのように歌わせるソロ・コンチェルトに、情熱を傾けるようになった。《調和の霊感》と題された作品三のコンチェルト集（一七一一年出版）にはまだ新旧の様式が混在しているが、以後の作品はほとんど、俗に「ヴィヴァルディ・タイプ」と呼ばれる、ソロ・コンチェルトの形で書かれている。これはふつう急緩急の三つの楽章から成り、速い楽章においては、トゥッティ（総奏）の主題が、ソロ（独奏）のパッセージをはさんで、何度も戻ってくる。また緩徐楽章においては、静かな伴奏を背景に、ソロ楽器が情熱のこもった歌を歌う。

一七二五年に発表された《四季》（作品八のはじめ四曲）は、こうしたソロ・コンチェルトの形式に、多彩な自然描写を盛り込んだものである。これは四季おりおりの風物を描く「音によるイタリア風土記」ともいうべき作品だが、自然描写のあるなしを問わず、ヴィヴァルディのコンチェルトはいかにも明るく活発で、親しみやすい。そのためであろうか、戦後のバロック・ブームは、事実上、ヴィヴァルディの再発見という形で進められることになった。

アントニオ・ヴィヴァルディ

ヴィヴァルディのソロ・コンチェルトは、コレッリのコンチェルト・グロッソ以上に、将来性に富むジャンルだった。モーツァルトやベートーヴェンなどのウィーン古典派の協奏曲は、ヴィヴァルディのコンチェルトなしには考えることができない。こうした可能性に早くから気づいた人のひとりが、バッハである。バッハは、二十代の終わりにヴァイマルでヴィヴァルディのコンチェルトを知り（一七一三年）、オルガンやチェンバロへの編曲を通じて、その秘密を学んだ。若き日にヴィヴァルディの音楽と出会っていなかったとしたら、バッハのその後の音楽は考えられないといっても、過言ではない。イタリアの音楽家が始めた生き生きした方法を、ドイツの音楽家が受け取って、深めてゆく……。これもまた、バロック時代の一世紀半にみられる、典型的な現象のひとつだった。

Ⅵ　大御代を輝かす楽の音——フランス音楽の一世紀

ブルボン王朝による中央集権化

　これまでにとりあげてきたバロック音楽は、主として、イタリアとドイツの十七世紀の音楽である。しかし西洋史の通念によれば、十七世紀は「ルイ十四世の偉大な世紀」であり、ブルボン王朝下のフランスが、ヨーロッパ随一の勢力を誇った時代である。たしかにルイ十四世のヴェルサイユ宮廷は、音楽にとっても、当時のヨーロッパでもっともまばゆい営みの場所であった。そこでこの章では、十七世紀におけるフランス音楽の歩みを展望することにしよう。

　われわれはすでに、ブルボン家初代の王アンリ四世（一五八九年即位）が、現存する最古のオペラ、ペーリ作曲の《エウリディーチェ》によって、マリー・ド・メディシスとの婚礼を祝われたのを見た。このアンリ四世は、プロテスタントとカトリックの対立から生じた十六世紀フランスの内乱を、宗教上の寛容を謳うナントの勅令（一五九八年）によって収拾し、フランスを統一した人物である。続くルイ十三世の治世（一六一〇〜四三年）には、リシュリュー枢機卿の努力によって国家の中央集権化が進み、劇作家のコルネイユ、哲学者のデカルト、画家のプッサンがあらわれて、文化隆盛の兆しが見えはじめた。

この十七世紀前半は、音楽にとってはひとつの過渡期にあたっている。クレマン・ジャヌカンのシャンソンがルネサンス宮廷人の心をときめかせていた時代はとうに過ぎ去っていたが、新たな黄金時代の到来が、宮廷舞踊——とくに、華やかな祝宴を彩る「バレエ・ド・クール」（宮廷バレエ）への熱狂の中に、予感されつつあった。豪華にしつらえられた舞台での踊りにはルイ十三世自身も好んで加わり、ときには、一部の作曲を手掛けることもあった。

サロンにおけるリュート熱

この頃の宮廷でとりわけ人気のあった楽器は、リュートである。リュート——洋梨を半分に割ったような胴体と垂直に折れ曲がった棹を特徴とするこの楽器は、ルネサンス時代に古典的な完成に達し、そのみやびな音色を愛されて栄えた。十七世紀に入ると、六コース（六列）を基本としていた弦はしだいに増えて音域が広がり、表現力が拡大されてゆく。だがこうした発展は同時に、リュートの限界を明らかにすることにもなった。

リュートは、当時ランブイエ侯爵夫人が先鞭をつけた貴婦人のサロンにおいてもてはやされ、摂政のマリー・ド・メディシスはもちろん、ルイ十三世やリシュリューまでが、その習得に励んだという。リュートの伴奏で歌う洗練された歌曲（エール・ド・クール）も、サロンでは欠かせないもののひとつだった。

リュートのレッスン

しかし、リュートの流行は、長続きしなかった。その理由のひとつは、リュートの扱いがことのほか面倒なことである。リュートは最低でも十一本、多ければ二十本以上の弦をもっており、手間のかかる音合わせを、ひんぱんに行わなくてはならない。このため当時、「八十歳のリュート奏者がいれば、その人は六十年間は調弦をしてきたにちがいない」というジョークができた。また、その保守のむずかしさを諷して、「パリでは馬を一頭飼うのもリュートを楽しむのも同じようにお金がかかる」という言葉も伝えられている。だがむしろ、このみやびな楽器が衰退していったことの真の原因は、バロック音楽のもつ劇的表現への要求に、リュートが対応しきれなかったことに求められるだろう。とはいえ、流れるような分散和音でやわらかに弾き進められてゆくリュート音楽のスタイルは、「プレシオジテ」(気取り)と呼ばれる十七世紀フランスの貴族趣味のよき反映であったばかりでなく、クラヴサン(チェンバロ)音楽にもとりいれられて、その様式の基礎となった。リュート音楽によるこうした地ならしがあったからこそ、後述するクラヴサン音楽の、みごとな開花が可能となったわけである。

大御代にときめくリュリの調べ

一六四三年、ルイ十三世が亡くなると、フランスの実権はしばらく、イタリア出身の宰相、マザランの手に委ねられた。マザランは三十年戦争やフロンドの乱の収拾に手腕をふるいながら、幼いルイ十四世のもつ王権の、いっそうの強化につとめる。その過程でマザランは、イタリア・オペラをフランスに導入する試みも行っている。

こうしてフランスが強大な力を蓄えつつあった一六五三年に、フランスの歴史にとっても、また音楽の歴史にとっても重要な意味をもつ出来事があった。それは、パリのプティ・ブルボン宮における《夜のバレエ》の上演である。ジャン・ド・カンブフォールの音楽、ジャコモ・トレッリの機械仕掛けで上演されたこの壮大なバレエ・ド・クールの舞台には、十四歳になったルイ十四世が、「太陽」に扮して登場した。のちにルイ十四世が「太陽王」と呼ばれたきっかけがここにあるからには、太陽に扮したこの夜の王の姿は、よほどりりしく印象的なものであったにちがいない。

ルイ14世（1701年、リゴー画）

そのとき王とともに、イタリア出身で今はフランス人となったひとりの青年が、巧みに踊っていた。小姓あがりのこの若者こそ、のちにフランス音楽の頂点に立つ、ジャン・バティスト・リュリ（一六三二〜八七）であった。王はこのリュリを、まもなく、宮廷の

「器楽作曲家」に任命する。これは、ルイ十四世とリュリの主従コンビによって作りあげられる、フランス音楽の輝かしい時代への第一歩であった。

マザランが亡くなった一六六一年、二十二歳の王は、親政を宣言する。そして王は、パリ郊外の貧しい土地にあった別荘を、壮大な宮殿へと変貌させる大工事に着手した。莫大な金銭と少なからぬ人命を蕩尽して難工事は続けられ、やがて巨大な姿をみせてきた宮殿は、一六八二年から、王の定住の地となる。これが「偉大な世紀」の象徴、ヴェルサイユ宮殿である。

親政時代にまず音楽界の頂点に立ったのは、リュリであった。リュリは、フランス様式のオペラを確立し、フランス様式の音楽を、イタリア音楽と覇を競うまでに高めてゆく。リュリのフランス・オペラが、フランス伝統の舞踊を豊かに盛り込んだ一大パフォーマンスであったこと、フランス語の美しい語り方を当時の古典演劇からとりいれていたことは、第Ⅱ章で述べた通りである。

復活するシャルパンティエ

リュリはルイ十四世の寵愛を一身に受けていたから、一六七〇年代から八〇年代にかけてオペラの権利を独占し、フランス様式の音楽を、国家の威信をかけて推進した。このため、フランス様式に追随しない人たち、とくにイタリアの音楽に学ぼうとしていた作曲家は、不遇を余儀なくされた。その意味で恵まれなかった、しかし才能すぐれた作曲家が、マルカントワーヌ・シャルパンティエ（一六四五／五〇～一七〇四）である。

シャルパンティエはイタリアでオラトリオの大家カリッシミに学び、その技法をフランスに導入した。彼の楽才の豊かさは最近ではリュリをさえしのぐものと認められており、オラトリオなど得意の宗教音楽を中心に、彼の作品の復活が目立っている。彼の宗教音楽のうちとりわけフランス的な特色を示しているのは、《テネブレの朗読》であろう。《テネブレの朗読》は、聖週間——キリストの十字架上の死を思いつつ復活節を待つ時期——の礼拝で暗闇の中で唱えられる祈りに、音楽をつけたものである。歌詞は、旧約聖書の「エレミア哀歌」からとられ、エルサレムの荒廃を嘆く内容をもっている。

シオンに上る道は嘆く、祭りに集う人がもはやいないのを。
シオンの城門はすべて荒廃し、祭司らは呻く。
シオンの苦しみを、乙女らは悲しむ……。
主の慈しみは、けっして絶えない。
主の憐れみは、けっして尽きない。

それは朝ごとに新たになる。あなたの真実は、それほどに深い……。

（『新共同訳聖書』より）

シャルパンティエはこうした嘆きの詩に、機敏でこまやかな音楽をつけた。中でも特色のあるのは、歌詞を区切るヘブライ語のアルファベットの、豊かな装飾を伴った歌いまわしである。ドイツの受難曲とは対照的な、洒落たミニアチュアの世界がここにある。

ヴェルサイユ宮廷の音楽

ルイ十四世が威信をかけて建設した、ヴェルサイユ宮殿。その外部には、幾何学的な配置をもつフランス式の大庭園が広がっている。緑豊かな庭園には泉が湧き花が咲いて、ギリシャ神話の人物たちの彫刻が彩りを添える。この庭園に舞台をしつらえ、オペラやバレエの上演を行うことも、当時の楽しみのひとつだった。内部に入ってみると、金箔をを豊富に使った豪華な部屋が続いており、高価な家具調度や美術品が並んでいる。なかでもろうそくの光が美しく映える「鏡の間」は、種々の宴の場としてあまねく知られていた。この宮殿が居住空間として快適であるとはとうてい思えないが、設計の主眼も居住性にあったわけではなく、王の力と栄光を内外に誇示することが、その究極目的であった。いわば、宮廷文化の自己顕示のシンボルともいうべき建築が、ヴェルサイユ宮殿にほかならなかった。

ヴェルサイユにおいては、王の栄光を輝かせるという目的に、音楽も協力した。ルイ十四世は、目が覚めてから床につくまで、日常生活のすべてを、儀式の手続きによって重々しく行ったという。たとえば、王をお助けする家臣の役割は、お召し替えのさいに右袖を担当する者から左袖を担当する者に至るまで、厳密に定められていた。こうした儀式がかった日課のおりふしには音楽が鳴り響き、王の行為に、神のような輝きを添えた。こうしたヴェルサイユ宮廷の音楽は、絶対王制を背景とするバロック音楽の、ひとつの典型的なあり方を示すものである。

ヴェルサイユ宮殿（1668年）

ヴェルサイユの音楽家たちは、三つのグループに組織されていた。第一に、礼拝堂で宗教音楽を担当する、宮廷礼拝堂楽団（シャペル）。第二に、広間や居間でもろもろの演奏を担当する、宮廷室内楽団（シャンブル）。その主力は、「王の二十四のヴァイオリン隊」と呼ばれるものであるが、この通称「大楽団」のほかに、食事の席やプライベートな舞踏会などで演奏する、「小楽団」も組織されていた。第三は、野外行事のさいの音楽を引き受ける、宮廷野外音楽隊（エキュリ）である。野外音楽隊は、管楽器と打楽器を中心に編成され、祝祭や行事の際、また軍隊の行進や狩りのさいに、勇壮な調べを響かせるのをならいとした。

管楽器の発達

イタリアでヴァイオリンのような弦楽器が発達したのに対して、バロック時代のフランスでは、管楽器の発展が目立っている。木管楽器は当時のフランスでさまざまな改良を受けたが、そのさい大きな役割を果たしたのが、オトテール一族である。オトテール一族は、代々ヴェルサイユの野外音楽隊の有力メンバーを構成しており、中でも、『フルート奏法』（一七〇七年）をあらわしたジャック・マルタン・オトテールが、すぐれた音楽家として有名であった。彼らの努力の結果、オーボエ（バロック・オーボエ）はオーケストラの主要楽器の地位を獲得するまでになったし、横型のフルート（フラウト・トラヴェルソ）も性能を高めて、十八世紀に入ると、それまで支配的だった縦型のリコーダーに取って代わる勢いを示すようになった。（ファゴットも同様に発展したが、クラリネットは、世紀の半ばまで用いられなかった。なお、一七〇〇年頃クラリネットを発明したとされるニュルンベルクのJ・C・デンナーは、フランスの管楽器をドイツにとり入れ、独自の改良をほどこした製作家である。）ただしこれらの楽器は木製で、キイのメカニズムをごくわずかしかもたぬ、素朴な形態のものである。これらは機能性と音量において現代楽器に劣る代わり、生のままの自然な響きに、捨てがたいよさがある（第Ⅻ章参照）。

バロック・トランペットの演奏

金管楽器の代表的なものは、ホルンとトランペットである。ホルンは、バロック時代に愛好された狩猟につきものの楽器、また狩猟を象徴する楽器だった。五メートルほどの管を巻いただけのこの楽器（ナチュラル・ホルン）は、当時の森にその響きをこだまさせ、また宮廷や劇場のような演奏の場に、活発な森の雰囲気をもたらした。ホルンよりいっそう重要なのは、トランペットである。これも管を巻いただけのナチュラル楽器で、唇の操作だけで、自然に得られる音を奏する。これは王や神の栄光を輝かせる楽器としてバロック時代にはとくに尊重され、演奏法も今日では考えられないほど発達していて、奏者の俸給も高かった。ヴェルサイユの野外音楽隊は、このトランペットと、室内のトランペットとも言われるオーボエを中心として編成されていた。

礼拝堂の音楽

太陽王の栄光は、宮廷礼拝堂楽団が演奏する宗教音楽にも及んでいた。当時礼拝堂で演奏される宗教音楽の典型は、合唱、独唱と管弦楽を用いた「グラン・モテ」（荘厳なモテット）である。リュリの死後音楽総監督となり、宮廷音楽の実権を一手に握ったフランス人、ミシェル・リシャール・ドラランド（一六五七～一七二六）は、《深い淵より》（一六八九年）を初めとする多くの印象深いグラン・モテを作曲し、齢いを加えつつあったルイ十四世に捧げた。晩年のルイ十四世は、信仰深いマントノン夫人を寵愛し、その影響によって、礼拝にかつてなく力をいれるようになっていたからである。ドララ ンドの重々しく典雅な音楽に聴き入るマントノン夫人を、太陽王はおそらく、敬意と愛情のこもったまなざしで見つめていたのではないだろうか。

同じ頃、宗教音楽とオペラ・バレエ（バレエが主役を演ずるオペラ）のジャンルに重要な業績を残した音楽家に、南フランス生まれのアンドレ・カンプラ（一六六〇〜一七四四）がいる。彼がヴェルサイユの礼拝堂副楽長になる以前、ノートルダム大聖堂楽長時代に作曲したとされる《レクイエム》（一六九五年頃）は、フランス・バロックの宗教音楽を代表する優雅な作品として、あまねく有名である。

クープランのクラヴサン音楽

ドラランドの支配した時代に美しくも魅力的な花を咲かせた音楽家が、フランソワ・クープラン（一六六八〜一七三三）である。音楽家一族に生まれ、すぐれたオルガニストとして成長したクープランは、王室礼拝堂でオルガンを弾く一方、王家の子女に、クラヴサン（チェンバロ）を教えた。晩年のルイ十四世は、毎週日曜日にクープランにコンサートを開かせ、彼が自作の合奏曲を披露するのを、楽しみにしていたといわれている。クープランの《王のコンセール》と呼ばれる曲集は、こうしたおりに書きためられたものであった。

クープランは、宗教音楽やオルガン音楽、室内楽など、さまざまのジャンルにすぐれ

フランソワ・クープラン

た作品を残した。しかし彼のならびない領域は、やはりクラヴサン音楽であろう。リュート音楽を源とし、シャンボニエール、ルイ・クープラン（伯父）らによって発展を受けてきたクラヴサンのための音楽は、クープランの手で、磨き抜かれた珠玉へと化す。繊細で軽妙、才気にあふれたその音楽は、フランス・バロックにおけるもっとも魅力的なページのひとつとなっている。

クープランのクラヴサン曲は、「オルドル」と呼ばれる二十七の組曲にまとめられている。各オルドルは、ふつう六曲から十曲くらいの小品によって構成されるが、それらの小品の多くには、心をそそる表題が与えられている。逸楽、茶目、目覚まし時計、かわいい年ごろ、花開く百合、恋の夜うぐいす、等々。こうしたイメージを通じてわれわれは、ルイ十四世からルイ十五世の時代にかけての、みやびな宮廷生活を垣間見ることができる。社交の場でたちいふるまう人々を描写し、宮廷人の心のひだに入りこみ、また周囲の自然へと目を向けるクープランの音楽は、フランス的な優雅と洗練の極致をゆくものであろう。そこには、十八世紀の精神世界を特色づける自然讃美の感情や、自然模倣の美学の始まりも、すでに認めることができる。

クープランの名作に、第十三組曲に含まれる《フランスのフォリア、別名ドミノ》という興味深い作品がある。これは、フォリア舞曲の変奏を仮面舞踏会の衣装の彩りの変化にたとえたもので、無色、バラ色、肉色、緑色をへて最後黒色に到る色彩の変化にあわせ、純潔、羞恥、情熱や倦怠、嫉妬、絶望といった、女性の一生おりおりのイメージが描き出されてゆく。その観察の目の、なんと鋭いことであろう。

「古典的」なバロック音楽

「優雅と洗練」は、いわゆる「ヴェルサイユ楽派」の音楽に、多かれ少なかれみられる傾向である。劇的な対比や運動感の著しいイタリアやドイツのバロック音楽にくらべると、フランスの音楽は磨きぬかれ、知的で均斉のとれたたたずまいを示している。同時期にフランスで開花した他の芸術、たとえばラシーヌの悲劇やモリエールの喜劇、ボワローやラフォンテーヌの詩、ラファイエット夫人の小説などにも、同じような傾向が認められる。このため、フランスの音楽史書は概して「バロック音楽」という言葉を避け、ヴェルサイユ楽派とその周辺の音楽を、「古典主義《クラシック》の音楽」といいならわしてきた。それは、当時のフランス音楽がけっして誇張されたいびつな音楽ではなく、むしろ、前後の時代に勝る古典的な価値をもっている、という考えに基づいている。

とはいえ、十七世紀のフランス音楽がドイツの古典主義音楽、たとえばハイドンやモーツァルトの音楽とすでに同じ様式で書かれている、というわけではない。マクロな視点からみれば、通奏低音の存在や使用楽器、形式など種々の点で、フランス音楽も、他国のバロック音楽と共通する特徴を示している。その意味では、フランスの音楽も、一時代の音楽の総称としての「バロック音楽」の中に含めることができる。昨今における「バロック」復権の趨勢に伴い、フランスにおいても、「バロック音楽」の呼称が普及しつつあるようである。

フランスのバロック音楽が「古典主義的」ないし「古典的」な傾向を示している理由は、フランス人の理性や節度に対する好みに求められるであろうが、王による芸術の統制も、そこで一定の役割を果たしたに違いない。ルイ十四世時代のフランスは、すべての文化生活をパリとヴェルサイユに集中させ、しかもそこに生じるさまざまな権利を、すべて王が中央から掌握するという構造になっていた。王は、学問や芸術を保護することと引き換えに、そのすべての分野にわたって、王の意志に基づく秩序を作りあげようと望んだのである。このためルイ十四世の治世には、リシュリューに発するアカデミー・フランセーズが国営化されたのをはじめ、絵画、彫刻、化学、建築の各分野にアカデミーが作られ、芸術家や学者の組織化と統制が進められている。「偉大な世紀」のほとんどの学問・芸術が、太陽王の栄光へと収斂されていくように見えるのは、そのためである。一六七二年に創設された王立音楽アカデミーも、前述したリュリの支配のもとに、種々の独占権を行使したのであった。なお、十七世紀フランスの芸術論や美学において理性と秩序が強調されることは、幻想と装飾、比喩と寓意にみちた時代様式に対するフランス精神の一種の抵抗、ないし自己定立の試みと解釈することもできよう。

農民たちの暮らしと音楽

フランス・バロックの音楽は、社会のピラミッドの頂点において栄えた。ヴェルサイユの栄光とは裏腹に、当時の民衆の生活は、悲惨なものであった。宮廷の豪奢な生活やヴェルサイユ宮殿造営の費用に加え、領土拡大のために続けられる戦争の費用が、重税となって民衆、ことに農民の上にのしかかったからである。農民の食生活はまことに貧困で、肉を食べることは年に二～三度しかなく、飢えや疫病に襲われることも、まれではなかったという。このため十七世紀には、農民の暴動も、よく起こっている。ラ・ブ

居酒屋の祝宴（1674年、ヤン・ステーン画）

リュイエールの次のような詩は、彼らの悲惨な生活を描くものとして有名である。

「何やら野獣のようなものが見える。雄もあり雌もあって、野良にちらばっている。……大地にへばりつき、その断ちがたき執拗さをもって掘り、かつ耕している。……腰を起こしたところを見ると、人間の顔をしている。……夜になれば洞窟に帰り、黒いパンと水と草の根で、露命をつなぐ」（関根秀雄訳）

農民たちの数少ない楽しみのひとつは、季節の祭や宴会であった。そんなおりに素朴な民俗楽器が活躍していたことが、いろいろな絵画からわかっている。ある絵では農民が山羊皮のバッグパイプを吹いているし、またある絵では、老いた大道芸人が、ヴィエール（ハーディ・ガーディ）のハンドルをまわしている。こうした楽器が響かせたであろう民衆的な舞曲や歌の調べは、楽譜にとどめられることもなく失われてしまった。しかしその片鱗は、田園的な風趣をもつ芸術音楽の中に、なつかしくこだましている。たとえば、貴族的なクープランのクラヴサン曲にも、時にはヴィエールやバッグパイプの響きがきこえ、働く農民の姿が、写し出されているのである。そこには、貧しくとも人間的な生活に寄せる、上流の人々の憧れさえにじみ出ている。

Ⅶ　趣味さまざま——国民様式の対立と和合

イタリアが上か、フランスが上か

いつの時代にも変わらぬ真理として、音楽は、国民性を反映する。たとえばドイツの音楽とイタリアの音楽は、風土や気候、国民の考え方や感じ方の違いを反映して、たいへんに異なった味わいをもっている。しかし、その違いをよしとするかどうかについては、時代によって、いろいろな見方があった。大まかに言えば、本当にすぐれた音楽はひとつであるはずだと考えたのが、バロックに先立つルネサンス時代と、バロックのあとにきた古典派の時代。これに対して、音楽の書き方は一つでないから面白いのだと考えたのが、バロック時代であり、またロマン派の時代であった。中でもバロック時代においては、いろいろな音楽の違いを楽しみ、その違いを味わい分けることが、音楽のすぐれた聴き方とされていた。

しかし人間は、違いを楽しむと、すぐに優劣の論争を始める。いろいろな音楽の書き方、様式が並び立っていたバロック時代は、さまざまな音楽の優劣を、熱心に論じ合った時代でもあった。中でもおもしろいのは、イタリア・オペラとフランス・オペラの優劣をめぐる論争である。

リュリがすでに亡くなった一六九八年のこと。ひとりのフランスの僧侶がイタリアを訪れ、ローマでオペラを見物した。その人物、フランソワ・ラグネは、現地で見るイタリア・オペラのすばらしさに驚き、とくに去勢された男声歌手（カストラート）がソプラノを歌い、大喝采を博しているさまに目を見張った。ラグネはその感想を、次のような言葉で綴っている。


「カストラートの女形というのはまったく堂にいったもので、世のどんな素晴らしい女優といえども、彼ら以上に見事に演じることはできないほどである。彼らの声は女性にひけをとらず甘やかで、しかもずっと力強い。並みの女性よりは声量もはるかに上だし、声に重みもある。おまけに彼らはたいていの場合、舞台の上では、正真正銘の女性よりもずっと女らしくみえる……」（小林緑訳）。

活躍するカストラート

美しいボーイ・ソプラノの声に大人の力強さを加え、三十年から四十年もの間、衰えを見せずに魅力をふりまくカストラート。今日ではそれは人道上の理由から禁止されているが、バロック時代には、それが舞台の花形であった。(たとえばヘンデルは、自分のオペラの主役を歌わせるために、イタリアのカストラート歌手を、大金を払ってロンドンに迎えている。) こうしたカストラートの強烈な舞台に接したラグネは、祖国で崇拝されているリュリとその後継者たちによるフランス・オペラに批判的な気持ちを抱くようになり、帰国後その感想を、『音楽とオペラにおけるイタリア人とフランス人の対比』というパンフレットにして出版する(パリ、一七〇二年)。これをきっかけにフランスの知識人

カストラート歌手の舞台

の間には、イタリア音楽とフランス音楽の優劣に関する論争が、半世紀以上にもわたってくりひろげられることとなった。

ラグネがイタリア・オペラに驚嘆したという事実は、フランスとイタリアのオペラが、この時点でいかにかけ離れたものとなっていたかを物語っている。ラグネのみる両者の優劣は、次の通りである。まず、フランス・オペラがイタリア・オペラに勝っているのは、台本の劇としての完成度、バスの声、合唱・舞踊・ディヴェルティスマンの充実、衣装の華やかさなど。要するに、演劇としての総合性、スペクタクルとしての出来映えにおいては、フランス・オペラに一日の長がある。

これに対してイタリア・オペラは、音楽において、はるかに優位に立っている。イタリア語はフランス語よりずっと歌に適しているため、アリアは比類のない表現力をもっており、歌手はみな粒揃いで、声はもちろん、技術や音楽性にもすぐれている。そしてなにより、あの「自由自在で、感動的で、魂の底までゆさぶる」カストラートがいる！オーケストラの楽器演奏も、数倍の迫力をもって、豊かに響きわたる。

クープランによる「趣味の和」の試み

イタリア・オペラに軍配を上げるのは、ラグネのような聴衆の立場の人ばかりではなかった。フランスの音楽家の中にも、たとえばシャルパンティエのように、イタリア音楽の長所を認め、その表現力をとりいれたいと思う者があった。しかしリュリの時代には、こうした願いが、全盛期のルイ十四世の権力をもって、抑圧されていたのである。しかし、そのあとを継いだドラランドの時代、すなわち世紀の終わりから十八世紀に入る頃には、両者の長所を意識的に融合しようという努力も、行われるようになった。その先頭に立った人が、フランソワ・クープランである。

フランスの音楽家のひとりとして、クープランがリュリから多くの影響を受けたことは、いうまでもない。太陽王のためにリュリが確立したはなやかで典雅なフランス様式は、クープランにとっても、ひとつの模範であった。そこでクープランは、ルイ十四世が亡くなって十年たった時、リュリに対する自分の尊敬を、トリオ編成の器楽曲にまとめて発表する。これが、クープラン晩年の名作、《リュリ讃歌》(一七二五年)である。この作品は表題つきの小曲をならべた一種の組曲で、次のようなストーリーをもっている。

リュリが、死者の極楽であるシャンゼリゼ(エリゼの野)で、竪琴をもつ霊たちと合奏している。すると芸術の神アポロンが天から下ってきて、リュリを芸術の奥殿、パルナッソス山へと連れてゆく。そこでリュリは、ライバルのコレッリとイタリアのミュー

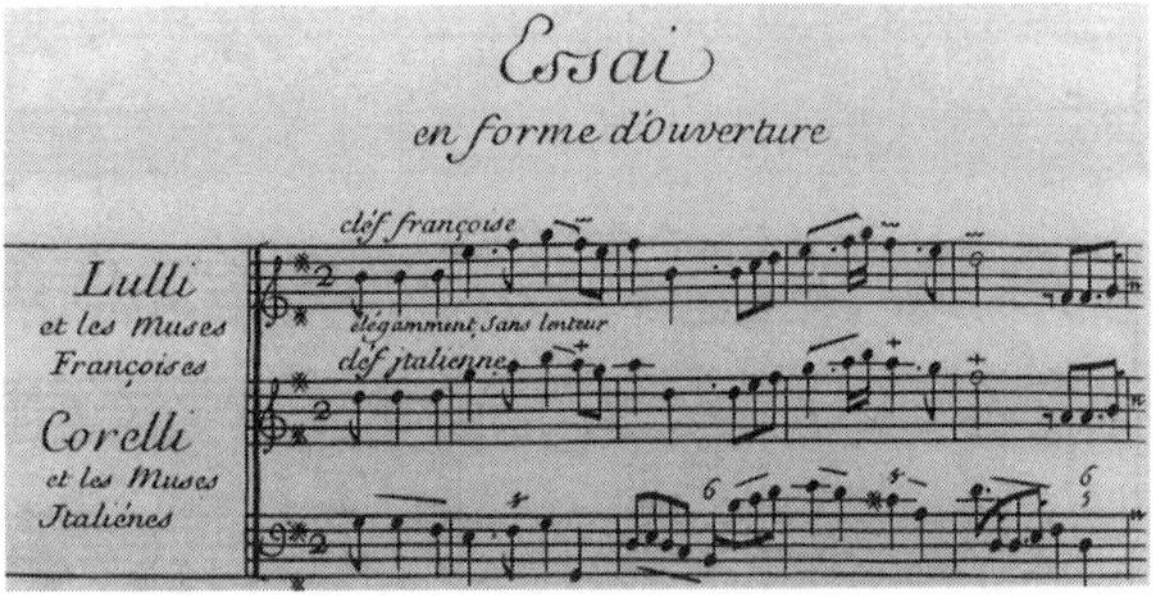

クープラン《リュリ讃歌》から、〈序曲の形での試み〉
リュリのパートはフランス式、コレッリのパートはイタリア式の音部記号で書かれている。

ズたちによって歓迎される。アポロンはリュリとコレッリに、フランスとイタリアの趣味が結び合ってこそ、音楽の完成がもたらされるはずだ、と説く。そこでコレッリとリュリは、ヴァイオリンをとって、アリアをデュオする。最後に、トリオ・ソナタをフランス風に発音した《トリオ・ソナド》の作曲が試みられて、フランス趣味とイタリア趣味の和合が完成する。

クープランの《リュリ讃歌》は、リュリの業績を讃えながらも、彼のフランス様式の一面性を指摘して、これを補い正そうとしたもの、とみることができよう。こうしたクープランの考え方は、前の年に発表された姉妹作《コレッリ讃歌》や、《趣味の和》と題するコンセール集にも見ることができる。クープランは、イタリア音楽の表現力を取り入れることが、フランス音楽の発展にいまや不可欠であると感じていた。そしてそのことは、ルイ十五世の時代におけるフランスの音楽家たちの、共通の目標となっていった。

ラモーのオペラ――フランス様式の最後の輝き

そんな中でリュリのフランス様式を受け継ぎ、バロック時代のフランス音楽に最後の頂点を築きあげた音楽家が、ジャン・フィリップ・ラモー（一六八三～一七六四）である。ラモーは、クープランに匹敵するクラヴサン曲の大作曲家であり、後述するように、音楽理論家としても重要な業績を残した。しかしここでは、ラモーが五十歳過ぎの晩年（一七三〇年以降）に集中的に作曲したオペラに触れておこう。

《イッポリートとアリシー》、《優雅なインドの国々》、《カストルとポリュックス》、《ダルダニュス》、あるいは《ゾロアストル》といったラモーのオペラやオペラ・バレエは、ルイ十五世時代のフランス音楽の、もっとも輝かしい記念碑ということができる。ラモーの音楽の書き方はリュリに比べずっと進歩的で複雑であるから、はじめは、リュリの教えを守る人たちの抵抗にも出会った。（いわゆるリュリ派とラモー派の争い。）しかしその後、十八世紀の半ばにイタリアのオペラ・ブッファ（喜歌劇）がフランスに進出し、イタリア音楽とフランス音楽の優劣が新たに問題とされるに及んで（一七五〇年代の

ジャン・フィリップ・ラモー

ラモーのコメディー・バレエ《ナヴァールの王女》の舞台（1745年）

「ブフォン論争」)、ラモーがフランス音楽の正統を受け継ぐ大家であることは、誰の目にも疑いがなくなった。

前述したラグネのイタリア・オペラ礼讃への反駁として出された著作に、ル・セール・ド・ラ・ヴィエヴィルの『イタリア音楽とフランス音楽の比較』(一七〇四〜六年)がある。この中でヴィエヴィルは、理性的な法則と感情が一体となった「よい趣味」の重要性を説き、美的な理想として、明瞭さ、正確さ、繊細さ、清潔さといったポイントを、ルイ十四世の権威をひきながら語っている。ヴィエヴィルのこうした発言はリュリへの心酔に発しているのであるが、こうした特徴をいっそう豊かで個性的な音楽へと結晶させたのが、ラモーだったということができよう。

機械仕掛けを用いて幻想的な舞踊を楽しませる「ディヴェルティスマン」の場面は、ラモーのオペラにも豊富に取り入れられている。こうした場面における管弦楽の交響的で色彩的な取り扱いは、ラモーのオペラの最高の聴きどころに属する。このため今日では、オペラ中の踊りの音楽のみを、組曲として演奏することも少なくない。またラモーは、自作のクラヴサン曲のうち成功したものを、編曲して舞台に乗せることが多かった。たとえば、オペラ・バレエの名作、《優雅なインドの国々》(一七三五年)第四幕で新大陸の原住民が踊る場面には、クラヴサン曲として知られる《未開人》のエキゾチックな音楽が、素朴ながら平和な生活への憧れをこめて用いられている。

国による音楽の違い

十八世紀初め、ハンブルクで『新設のオルケストラ』と題する音楽書の筆をとったヨーハン・マッテゾン(一六八一～一七六四)は、当世風教養人のための手引の一部として、国による音楽の違いを、こう記述した。

イタリア人は、演奏の面でもっともすぐれている。フランス人は、もっともよく音楽を楽しんでいる。ドイツ人は、作曲と労作にもっともすぐれている。さらにイギリス人は、音楽をもっとも正しく判断する。イタリア人はほれぼれするようにふるまい、フランス人は愛らしく、ドイツ人は根気よく、イギリス人は公正にふるまう。イタリア人は巧緻であり、フランス人は才気にとみ、ドイツ人は基礎を重んじ、イギリス人は繊細である。イタリア人は音楽を高揚させ、フランス人は音楽に生気を与え、ドイツ人は音楽を探究し、イギリス人は音楽を正す……。
(第三部・判断篇から「今日のイタリア、フランス、イギリス、ドイツの音楽の違いについて」の章、山下道子訳)

この文章に見られるのは、国による音楽の違いを弱点としてでなく、むしろ面白さとして、積極的にとらえていこうとする態度である。ここに、バロック音楽を理解する上でのひとつの鍵がひそんでいる。

バロック音楽をリードした随一の国は、イタリアであった。したがってイタリアの音楽家は、他国からの影響をあまり受けず、自分たちの音楽をのびのびと展開していた。これに対して、フランスでは、イタリア音楽にどう立ち向かうかが、音楽をする者の大きな問題であった。一方、第三国の音楽家たちは、その双方からの強い影響にさらされながら、独自の道を発見しようとする。なかでも、シュッツ以来音楽の力をたくわえてきていたドイツには、イタリアとフランスの双方をにらみながら、そこに「ドイツ的な総合」を行おうとする気運が生じていた。バッハ、テレマンら、十八世紀のドイツの作曲家の音楽には、多かれ少なかれ、イタリアとフランスの趣味の対比や折衷、混合がみられる。

バッハによる伊仏対立の記念碑

イタリア様式とフランス様式の対立の記念碑を考察しよう。バッハは、バロック時代も終わり近い一七三五年にライプツィヒで出版した《クラヴィーア練習曲集第二部》を、二つの作品によって構成した。その二つの作品とは、《イタリア趣味による協奏曲へ長調》（通称《イタリア協奏曲》BWV九七一）と、《フランス様式による序曲ロ短調》（通称《フランス風序曲》BWV八三一）である。協奏曲と序曲――すなわち序曲で導入される管弦楽組曲――は、それぞれイタリアとフランスで発達した、代表的な合奏音楽のジャンルだった。バッハは、それらをここでチェンバロの二段の鍵盤に移し、イタリアの書き方とフランスの書き方の違いを、たくみに対比している。

《イタリア協奏曲》は、第V章で述べたヴィヴァルディのソロ協奏曲の書法に基づいて書かれ、ソロと管弦楽の対比が、二つの鍵盤の弾き分けによって行われる。すなわち、全合奏およびヴァイオリン風のソロは、各鍵が複数の弦をはじくよう調整された下の鍵盤で演奏される。これに対し、ソロ部分の伴奏は、一本の弦のみをはじく上の鍵盤で演奏されるのである。こうした鍵盤の使い分けによる大小グループの対比は、《フランス風序曲》でも試みられている。

フランス風序曲とは、もともと、リュリが彼のオペラの幕開けのために考案した管弦楽曲である。これはふつう、付点リズムによるゆっくりした導入部と模倣的な速い部分とから成り（曲によっては、最後にゆっくりした部分が戻ってくる）、管弦楽のための組曲の冒頭にも置かれて、後に続く舞曲に、堂々と先駆けていた。バッハのこの作品では、序曲のあとにクーラント、サラバンド、ガヴォット、パスピエ、ブーレーといった舞曲が続く。こうした舞曲の並列が、バロック器楽の一大ジャンルであった組曲の、基本的な特徴である。

踊る音楽の組曲化

バロック時代に組曲が発展したのは、当時舞踊が、たいへんに盛んであったからにほかならない。舞踊そのものはもちろん人類の歴史とともにあり、そこには古くから、なんらかの音楽が伴っていた。舞曲が楽譜として伝承されるのは十三世紀からであるが、この頃から、宮廷舞踊の独自の発展が始まる。ルネサンス時代を通じて宮廷舞踊はますます洗練と進歩をみせ、十六世紀に、ひとつのピークに到達した。長らく栄えたバス・ダンス、その後を継いだブランルに代わって、ゆっくりしたパヴァーヌと速いガイヤルドの組み合わせが人気を集め（これが組曲の初歩的な形である）、舞曲集の出版も盛んに行われる。王侯貴族がこぞって舞踊に熱中したパリの宮廷でバレエ・ド・クールが生まれ、祝典を華やかに彩り始めるのも、この世紀のことである。

十七世紀、バロック時代に入ると、踊りの種類はますます多様になっていった。新しい柱となった舞曲はクーラントであるが、このほかアルマンド、サラバンド、シャコンヌなどが踊られ、メヌエットやガヴォットといった新しい舞曲も、流行するようになった。その過程で、踊りを見せるプロのダンサーがあらわれる。それは初め男性に限られていたが、一六八〇年代には、リュリのバレエの舞台に、女性のダンサーも登場した（一六八一年の《愛の勝利》）。舞踊はしだいに、踊るだけのものではなく、鑑賞するものにもなっていったわけである。

見て楽しむ踊りが発展したのと平行して、踊らずに音楽だけを聴くことも、盛んになっていった。聴くための舞曲をならべ、踊りを伴わないでも楽しめるようにしたのが、楽器のための組曲である。十七世紀初めのフランスでは、多楽章形式の組曲がとくにリュート音楽のジャンルにおいて栄え、世紀の半ばにはシャンボニエールやルイ・クープランの手で、しゃれたクラヴサン音楽となった。

組曲の基本形式とその応用

クラヴサン組曲の本家はフランスであるが、鍵盤楽器のための組曲において舞曲の組み合わせ方の基本を作ったのは、フレスコバルディ（イタリア）に学んだドイツ人、ヨーハン・ヤーコプ・フローベルガー（一六一六〜六七）である。十七世紀の半ば頃、フ

	ゆかりの国	拍子	速度	リズムの特徴
アルマンド	ドイツ	2または4	中	細かな音符の流れ
クーラント	フランス	3/2〜6/4	急	軽快な流動
サラバンド	スペイン	3	緩	荘重,2拍目に強調
ジーグ	イギリス	複合(6,9,12/8)	急	躍動的な付点

組曲構成表

ローベルガーは、アルマンド、ジーグ、クーラント、サラバンドの四つの舞曲を選んで、彼の組曲の基礎とした。その順序はまもなく入れ換えられ、テンポの速いジーグがフィナーレとなる形で、一般化してゆく。上の表のように、四つの舞曲はそれぞれ異なった起源をもち、速度、拍子、リズム、曲想に個性をもっている。相対立するこうした舞曲を同じ調性のもとに並べ、一貫した流れの中に対立と変化を作り出して楽しませるのが、バロック組曲の醍醐味であった。

四楽章の組曲は、自由に発展応用されて、バロック器楽の世界を彩ってゆく。フランスのクープランやラモーは、標題をもつ小曲をたくさん取り入れて組曲をますます変化に富むものとしたし、冒頭にフランス風序曲をもつ管弦楽組曲の形も、リュリ以降のフランスとドイツを中心に好まれた。また室内楽による組曲や、コンチェルトの原理による組曲も、数多く書かれている。たとえば、コレッリの室内ソナタ（ソナタ・ダ・カメラ）や室内コンチェルト（コンチェルト・ダ・カメラ）は、冒頭にプレリュードを置く、アンサンブル組曲にほかならない。バッハのヴァイオリンやチェンバロのためのパルティータ、無伴奏チェロのための組曲も、フランス的な組曲の構想に基づいている。躍動する個性的な舞曲のリズムは、それと明示されていなくとも、バロック音楽のはしばしに浸透していた。声楽のためのアリアや合唱も、そのリズムは、なんらかの舞曲に由来することが少なくない。最近の演奏は、こうした舞曲のリズムを、速いテンポと活発な感覚によって、強調するようになってきている。

舞曲の様式化

バッハに例をとって、鍵盤楽器のための組曲の変遷を考えてみよう。バッハには、チェンバロ組曲の三つの曲集がある。作曲順に《イギリス組曲》、《フランス組曲》、《パルティータ》各六曲である。どの組曲も、アルマンド、クーラント、サラバンド、ジーグという四つの古典舞曲が基礎になっていることには、変わりがない。しかしそこに加えられる楽章をみると、興味深い変化がうかがえる。

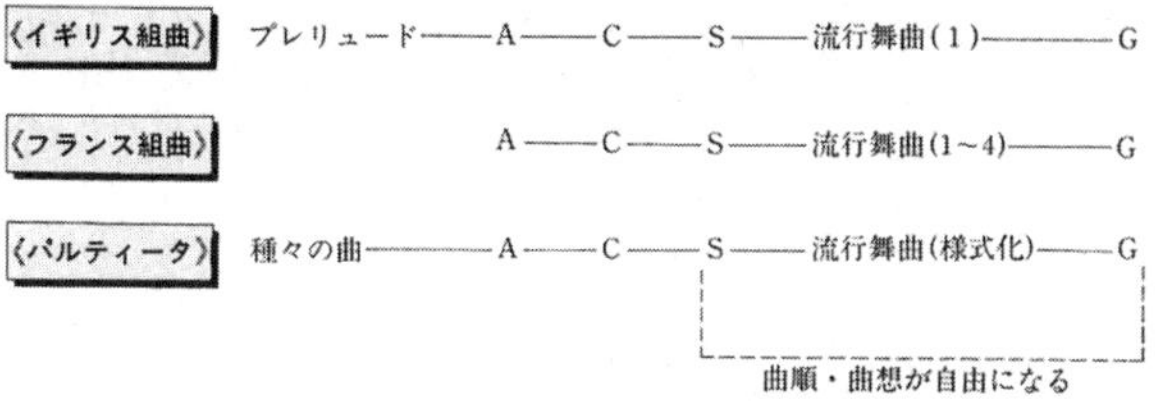

A＝アルマンド　C＝クーラント　S＝サラバンド　G＝ジーグ

〈イギリス組曲〉の流行舞曲　メヌエット，ガヴォット，ブーレー，パスピエ
〈フランス組曲〉の流行舞曲　上記のほかエール，アングレーズ，ポロネーズ等
〈パルティータ〉の流行舞曲　上記のほかロンド，カプリッチョ，ブルレスカ等

バッハの組曲構成

《イギリス組曲》BWV八〇六～八一一（一七一五年頃）は、冒頭にプレリュードが置かれることを除けば四舞曲による基本構成をよく守っており、ただサラバンドとジーグの間に、ガヴォット、メヌエット、パスピエといった当時の「流行舞曲」が、ひとつずつ加わることが違っている。全六曲を通じて、このパターンは同じである。次に《フランス組曲》BWV八一二～八一七（一七二二～二四年）ではプレリュードが姿を消し、全体が小ぶりになる。その代わり、ここではメヌエットなど流行舞曲の比重が増し、第六番に至っては、それらが四曲にも達する。しかも、エール、アングレーズ、ポロネーズといった、《イギリス組曲》にはみられない多様な舞曲が使われているのである。

これに対し、《パルティータ》BWV八二

五〜八三〇では導入の楽曲が復活する。しかしそれは曲ごとに、シンフォニア、フランス風序曲、トッカータ等に変化する。また四基本舞曲の配列も崩され、ジーグが省略されたり、サラバンドの前にエールが入ってきたりと、自由である。挿入される楽章も、カプリッチョ、ブルレスカ、スケルツォのように、単なる舞曲の枠をはみ出た、器楽的なものが多くなっている。

こうした構成の自由化に伴って、曲想にも、大きな変化が認められる。《イギリス組曲》では、リズムがまだかなり、踊りに忠実であった。しかし、《フランス組曲》をへて《パルティータ》まで来ると、踊りから遠ざかった曲が増えてくる。《パルティータ》第五番の〈テンポ・ディ・ミヌエッタ〉、第六番の〈テンポ・ディ・ガヴォッタ〉は、その好例である。これらの楽章は、メヌエットとガヴォットからテンポとリズムを借りてはいるが、踊りの面影はもはやほとんどなく、チェンバロの演奏能力を充分に使った、密度高い音楽をくりひろげるものとなっている。こうして舞曲は様式化され、踊りから離れて自立してゆくのである。

Ⅷ　音楽を消費する先進国――イギリスとヘンデル

音楽の大消費国、イギリス

バロック時代のイギリスは、他国に先駆けて市民革命をなしとげた先進国家であり、アメリカやインドに進出して世界に植民の手を広げつつある、強国であった。しかし音楽の才能にはその割に恵まれず、国際的に誇りうる存在としては、ただヘンリー・パーセルの名があるにすぎない。とはいえ、バロック音楽を語ろうとするとき、イギリスを避けて通ることは不可能である。なぜならば、すぐれた経済力をもっていたイギリスは、音楽の消費国として屈指の存在であり、イタリアをはじめ大陸から多くの音楽家が、成功を夢見てイギリスにやってきたからである。音楽家たちの集結地点になっていたという意味で、当時のイギリスの音楽事情は、今の日本に似ているところがある。

国による音楽の違いを論じたマッテゾンの言葉（第Ⅶ章参照）に、ここでもう一度、耳を傾けてみよう。

「イギリスは、才能あるヴィルトゥオーゾには金銭の援助を惜しまないため、その結果、彼らのよりすぐりの合流地点になっている。その点では、最近のイギリスは、イタリアにほぼ匹敵するところまで達しているように思われる。……今日、音楽の分野で何かしら事をなそうと思う者はイギリスに渡る。イタリアとフランスでは、音楽がよく聴かれ、学ばれる。イギリスでは、音楽で稼ぐことができる。しかし、わがドイツでは、せいぜいのところ、音楽は消費されているにすぎない……」（山下道子訳）

この文章が書かれたのは、マッテゾンの友人ヘンデルがロンドンに渡り、イタリア語のオペラを上演してたいへんな人気を博していた頃（一七一三年）のことであった。

十七世紀初頭のイギリス――ルネサンスの成熟

今日よく言われるイギリス人の保守的な好みは、バロック時代の音楽についてもみることができる。目を十七世紀の初めに戻してみよう。イタリアでオペラの創作がはじまり、モノディによる強い感情表現が聴き手に新鮮な驚きを与えていたころ、イギリスではなお、ルネサンス時代そのままの音楽が栄えていた。文化の黄金時代を現出した女王、エリザベス一世が没してスコットランド出身のジェームズ一世が即位すると（一六〇三年）、イギリスはスチュアート朝のもとに、政情不安の時代へと入ってゆく。しかし音楽の世界では、ルネサンスの流れを汲むバード、ギボンズ、ブルといった作曲家たちがなお健在で、円熟期の活動を続けていた。当時英国国教会やカトリックの礼拝のために書かれた合唱曲や、ヴィオラ・ダ・ガンバ、リコーダー等で演奏される宮廷の合奏音楽には、静かで均斉のとれたルネサンス・ポリフォニーの理想が、なお響き出ている。富裕な市民の社交の場ではマドリガルが楽しくハーモニーされ、リュート伴奏の歌曲やヴァージナルの独奏曲も、なおさかんに作曲され続けた。

十七世紀初めにイギリス芸術界の頂点に立っていたのは、晩年のシェイクスピアである。『ハムレット』に始まるシェイクスピアの四大悲劇はこの時期に生み出され、その巨人的な活動を、当時のヨーロッパ最大の都市、ロンドンの市民たちが支えていた。シェイクスピア劇の中には、『ハムレット』におけるオフィーリアの歌や『オセロー』における《柳の歌》のように歌が挿入され、つめかけた観客を楽しませるのであった。

ロンドンはバロックにおける演劇の都ともいうべきところで、劇場が早くから盛んに作られ、多くの観客を集めていた。そこには、イタリアの都市以上に、オペラの繁栄する条件が整っていたようにみえる。だが事実は、そうではなかった。台詞によるすぐれた演劇に親しんでいたイギリスの人々は、台本をすべて歌にすることに、あまり興味を示さなかったのである。オペラはやはり、歌に適した言葉と歌にふさわしい声にめぐまれた国、イタリアで、まず起こるべきものであった。イギリスではなおしばらく、音楽は劇の添え物の地位にとどめられる。

ピューリタン革命と王政復古

ルネサンス様式による昔ながらの音楽の隆盛にも、一六二〇年代を境に、翳りが見えはじめた。一六三〇年代から四〇年代にかけて、イギリスではピューリタン革命が起こり、クロムウェル政権が登場する。この時代は、イギリス音楽にとっての低迷期だった。なぜならば、ピューリタンは厳格なプロテスタント主義に立って教会音楽に枠をはめ、劇場を閉鎖してしまったからである。娯楽として市民に根を下ろしていた演劇をピューリタンがあえて弾圧した背景には、劇場が不道徳な性的行為の温床になっている、という判断があったといわれる。歴史を眺めてみると、厳格な道徳主義が支配する社会では、音楽は概して衰退している。それは音楽が、社会や人々の心の余裕によって育まれる芸術であるためだろう。

一六六〇年、王政復古が成ってチャールズ二世が即位すると、イギリスは革命時代の反動のような、逸楽と放縦の時代に入った。しかし、その楽しみを追求してやまない心が、音楽には幸いする。音楽好きだった王は、ルイ十四世の楽隊をまねて「王の二十四のヴァイオリン隊」を組織し、配下の音楽家たちを、フランスへ、イタリアへと留学させた。イタリア・オペラを導入しようとする試みも始まり、十七世紀も半ばを過ぎたいま、ようやくイギリスに、バロック様式の音楽が開花しはじめる。そして、こうした流れに乗るかのように、イギリス音楽史上、随一の天才が出現してきた。その天才こそ、ヘンリー・パーセル（一六五九〜九五）にほかならない。

イギリスのモーツァルト、パーセル

パーセルは、三十六年の短い生涯に、よどみなくたくさんの作品を書き綴った。それらの音楽は優雅で親密、高い気品を備え、しばしば憂いに包まれている。パーセルをよく「イギリスのモーツァルト」と呼ぶことがあるが、たしかに、若くして亡くなった二人の天才の音楽には、百年の開きを超えた、ある共通性が感じられる。

王室礼拝堂のオルガニストであったパーセルは、鍵盤楽器の独奏曲や合奏曲にも、多

ヘンリー・パーセル

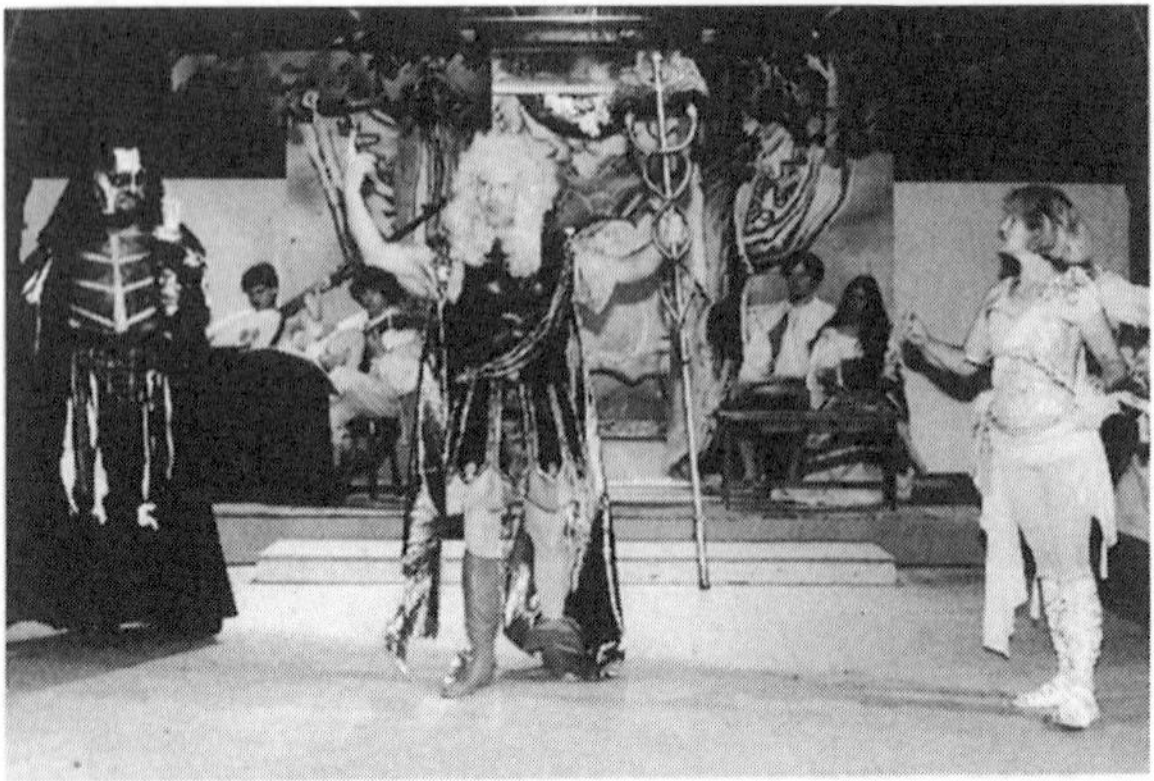

マスクの舞台（ブルージュ音楽祭から）

くの作品をのこしている。しかし彼の本領は、英語による声楽曲であったといえよう。彼は同時代にすでに、「英語のエネルギーを表現する独特の天才」（プレイフォード）の持ち主と認められていた。英語によるパーセルの音楽には、英国国教会特有の礼拝音楽である「アンセム」を初め、祝典用の頌歌、劇音楽、歌曲、酒場の歌などがある。中でもパーセルの特筆すべき業績は、英語によるすぐれたオペラの創作である。

前述のように、イギリスは演劇の伝統の厚い国であるから、パーセルの書いた劇音楽も、ほとんどは劇中に挿入される歌の曲である。しかしパーセルの時代には、もっと大きな充実した音楽の場面を含む演劇も、よく上演されていた。イギリスには、マスク（仮面劇）とよばれる伝統的な演劇ジャンルがあり、そこでは豪華な舞台装置に加えて、音楽と舞踊が活用される。こうしたマスクの場面をいくつか含む、半ばオペラに近い演劇を今日セミ・オペラとよんでいるが、パーセルはこの分野に、《妖精の女王》など五つの作品を書いた。だがそのほかに一曲、全体が通して歌われる、本当の意味でのオペラがある。これが、第I章でその一節を引用した《ディドとエネアス》である。《ディドとエネアス》は、英語によるオペラの歴史を幕開ける名作であった。だが残念なことにパーセルは、こうした試みを受け継ぐ後継者をもたなかった。このため、パーセルが早々と亡くなったあとのイギリスは、イタリア・オペラの天下となってしまう。

消費国化とヘンデルの登場

パーセルの晩年、一六八八年に、イギリスは名誉革命を成功させ、他国に先立って、立憲君主制を実現させた。農業技術の改良、海外の植民地の拡大はイギリスの国力をますます豊かにし、世紀の変わり目を迎えるころ、イギリスは、ライバルのフランスをしのぐ、世界最大の強国となった。ロンドンには、海外の植民地から流入する物資があふれ、東方の食物や嗜好品によって、人々の食生活にも、革命が起こりつつあった。こうしてロンドンに生じた国際的な開放感を背景に、音楽においては、イタリアの影響が一気に押し寄せてくる。パーセルの死後、柱となる音楽家をもたなかったイギリスの「消費国」化が、いまや決定的に進行しはじめた。そんな時期にロンドンの楽壇の主導権を握ったのが、ゲオルク・フリードリヒ・ヘンデル（一六八五〜一七五九）である。バッハと同じ年にドイツに生まれたヘンデルは、イタリアで武者修行したあと、ロンドンにオペラ作曲家として乗り込んだ。以後、一七一〇年から半世紀にわたって、イギリスは、事実上のヘンデル時代を迎える。

ヘンデルは、生まれながらの劇場人であった。このためヘンデルの音楽は、声楽曲、器楽曲を問わず、劇場とのかかわり、あるいは劇的な祝典の機会とのかかわりをもつも

ゲオルク・フリードリヒ・ヘンデル

のが多い。だが、ヘンデルの劇場志向をもっとも端的に伝えるのは、オペラであり、オラトリオであろう。

ヘンデルのオペラ作法

ヘンデルがロンドンのオペラ界に彗星のごとく登場したのは、オペラ《リナルド》(一七一一年)によってであった。以後ヘンデルは、有名な〈ラルゴ〉(オンブラ・マイ・フ)を含む《クセルクセス》(一七三八年)に至るまで、数多いオペラ作品を発表する。

〈ジュリアス・シーザー〉における
シーザーのアリア

第一幕
第二曲　ニ長調　勝利の喜び
第三曲　ハ短調　怒り
第九曲　ホ長調　愛
第一四曲　ヘ長調　狩の寓意
第二幕
第一八曲　ト長調　牧歌
第二五曲　変ロ長調　復讐
第三幕
第三三曲　ヘ長調　慰め
第三四曲　ハ長調　決意
第四〇曲　ト長調　愛の二重唱

ヘンデルのオペラはイタリア語の台本を用いており、ヴェネツィアからナポリへと発展したイタリア・オペラの流れを汲むものである。アレッサンドロ・スカルラッティによって確立されたオペラ・セリア（真面目なオペラ）の作曲技法を、ヘンデルはほとんど型通りに継承した。すなわちそれは、レチタティーヴォとアリアを交互させながら、独唱を中心に進められる。主役を歌うのは、もちろんカストラートである。

ヘンデルは、こうして継承した鋳型に、彼ならではのすぐれた音楽的生命を注ぎこんだ。そのオペラ作法を、アリアに例をとって観察してみよう。アリアは、レチタティーヴォによって物語が手早く語り進められたあと、登場人物のひとりが進み出て歌うものである。そのアリアの目的は、主人公の感情を描き出すことにある。ある劇的状況のもとで主人公の抱く感情は、じっさいには複雑なものでありうるわけだが、ヘンデルはそれを、ひとつの感情へと単純化して描く。たとえば、あるアリアは喜びを、別のアリアは怒りを、また別のアリアは、悲しみを徹底して描くのである。これは、デカルトその他、バロックの哲学者たちの人間感情への理解に対応している（第X章参照）。

右の表は、ヘンデルの代表的なオペラのひとつ、《ジュリアス・シーザー》（一七二四年）の中にあるシーザーのアリアを一覧表にしたものである。このようにそれぞれのアリアは、ひとつの感情内容を集中的に表現する。その限りでは、ひとつのアリアは、人物の一面のみを表現することになる。しかしドラマが進み、いくつものアリアが積み重ねられてくると、その蓄積を通じて、その登場人物の本質と全貌が、少しずつ加算的に明らかにされる。たとえば、シーザーも敵役のプトレミーも、激しい怒りをアリアであらわす。しかし、その感情世界が愛や慰めへと広がっているのは、英雄シーザーの方なのである。

《リナルド》のアリア

出世作、《リナルド》の有名なアリアを考察しよう。《リナルド》は、第Ⅱ章で触れたリュリのオペラ《アルミード》と同じ、十字軍の騎士と魔女の物語に基づいている。その第二幕。騎士リナルドの恋人、アルミレーナは、恋敵の魔女、アルミーダによって魔法の庭に幽閉され、異国の王に求愛される。その場面でアルミレーナが歌うのが、ふつう〈涙の流れるままに〉と訳されているアリアである。

むごい運命を嘆き、
自由に憧れるのを許して下さい（A）。
悲しみが、私を苦しめるこの鎖を
どうか打ち砕いてくれますように（B）。

このアリアは、ＡＢＡ、すなわち最初の部分が中間部のあとにもう一度くりかえされるという、三部形式をとっている。これを「ダ・カーポ・アリア」（ダ・カーポとは「頭から」の意）といい、当時のアリアは、ほとんどこの形で書かれている。（繰り返しの部

歌劇《リナルド》から、〈涙の流れるままに〉

分では、歌手が即興的な装飾を聴かせた。）しかしそのすべての部分を通じて、あるひとつのリズムが響き続けている。それは、三拍子の二拍目に強調のくる、ゆっくりしたサラバンド舞曲のリズムである。このリズムを一貫して使いながら、ヘンデルはアルミレーナの悲しみに表現を集中し、その悲しみを、個人のいっときの感情からひとつの典型へ、普遍的な類型へと磨き高めてゆく。

　このようにヘンデルのアリアは、一曲一曲がひとつの感情に完結する。しかし次にくるアリアはまったく別の感情を描くわけであるから、バロック的な対比の精神は、なおそこに保たれている。ほぼ同時期に書かれたバッハの宗教音楽におけるアリアにも、同じことが言える。

　切実な感情を表現するためにルネサンス音楽の法則を打ち破って始まったバロック音楽は、一世紀にわたる試みの末に、このダ・カーポ・アリアに見るような、整った形式を獲得した。しかし、バロックが過ぎ去り古典派の時代がやってくると、こうした形式もまた、硬直したものとして打ち破られてゆく。たとえばモーツァルトのアリアでは、感情の繊細な変化が刻々と音楽に捉えられるようになり、ひとつのアリアが部分でなく、その登場人物の人間性全体を映し出すようになる。その背景には、十八世紀における人間観の根本的な変化があった。（モーツァルトのアリアの本質については、拙著『モーツァルトあるいは翼を得た時間』〔東京書籍〕を参照されたい。）

オラトリオへの転進

ヘンデルは、マネージャーとしても、すぐれた才能の持ち主であった。彼は国王と貴族の出資を仰いで「王立音楽アカデミー」という企業を作り、オペラ公演を成功させるための努力を重ねる。だが、多くの名作が世に送られたにもかかわらずオペラ公演は尻すぼみとなり、経済的に行き詰まってしまった。やむなくヘンデルは、一七三〇年代を境に、オラトリオに乗り換える。このオペラからオラトリオへのヘンデルの転進は、ロンドンの音楽界に新しい時代がきたことを象徴する出来事であった。

ヘンデルのオペラとオラトリオがどう違うかを、まとめてみよう。もともと、オペラは世俗芸術、オラトリオは宗教芸術であるわけだが、ヘンデルの場合、オペラの素材は主として古代・中世の歴史物語。オラトリオのそれは、旧約聖書の物語である。上演方法は、オペラが舞台装置や衣装を伴ってステージ上演されるのに対し、オラトリオは、いわゆる演奏会形式によって音楽のみを聴かせる。言葉は、オペラがイタリア語、オラトリオが英語。オペラで主役を演じるのは、ヘンデルがイタリアから高いギャラでスカウトとしてきた歌手たちで、その中心はカストラートだった。これに対しオラトリオを歌うのは、イギリス人歌手である。また、オペラが教養のある貴族階級に後援されていたのに対し、イタリア語で演じられる別世界の出来事に共感できなかった市民たちは、堅実なオラトリオの世界に共感し、これを支持していた。しかるに、当時の社会では貴族はもはや没落しつつあり、これからの芸術を支えてゆく経済力と意欲をもっていたのは、中産階級の市民の方であった。イギリスは農業生産と商品経済に飛躍的な発展を示し、産業革命まで、あと一歩のところまで来ていたからである。こうした市民たちにヘンデルのオラトリオは訴えかけ、熱狂的に迎えられた。

聖書を素材としているといっても、ヘンデルのオラトリオは、礼拝用のものではない。それは劇場で演奏され、キリスト教の教義への導きより、倫理的・道徳的な訴えをその目的としていた。「聴衆を楽しませただけならば遺憾に思います。私は彼らを高めようと思っているのです」とは、《メサイア》の好評を告げられたときの、ヘンデル自身の言葉である。

オラトリオとオペラには以上のような相違があったが、音楽にはそう大きな違いはなく、オラトリオも上述したオペラの原則に基づいて、レチタティーヴォとアリアを交互させながら進んでゆく。しかしその図式はしばしば、合唱が縦横に活躍することによって打ち破られる。舞台の転換や歌手の出入り等の制約から解放されたヘンデルは、オラトリオにおいて存分に合唱を使い、そこで音楽家としての本領を遺憾なく発揮した。《メサイア》の〈ハレルヤ・コーラス〉、《ユダス・マカベウス》の〈凱旋の合唱〉等に代表されるヘンデルの壮麗な合唱技法は、ヘンデルがオペラからオラトリオに転進したことにより、ドラマに生かされたのである。〈ハレルヤ・コーラス〉については、そのロンドン初演（作品自体の初演はダブリン、一七四二年）に臨席していた国王のジョージ二世と聴衆が「全能の主」というくだりで立ち上がり、そのまま感動して音楽に聴き入ったという逸話が伝えられている。ここから、《ハレルヤ・コーラス》は起立して聴く、という習慣が生まれた。この逸話は、ヘンデルの音楽のもっている記念碑的な性格、聴き手をゆさぶる力強さを、よく示している。

ヘンデルの器楽曲

ヘンデルが器楽曲の領域においてもすぐれていたことは、言うまでもない。同い年のバッハがヴィヴァルディの影響を強く受けたのに対して、ヘンデルは、コンチェルトとソナタのどちらにおいても、その先輩にあたるコレッリの伝統を受け継いだ。イタリア風ののびやかな旋律性とイギリス風の気品を結合し、やや古風な格調をもたせたのが、ヘンデルの器楽曲といえるだろう。バッハの器楽曲にくらべると演奏者に即興の余地が多く残されていることも、その特色のひとつである。

ヘンデルのコンチェルトは、多くが劇場における演奏のために作曲され、オラトリオなどの幕間に演奏された。有名なものに作品四、作品七のオルガン協奏曲があるが、そこでは、ヘンデル自身が独奏を聴かせている。ヘンデルの協奏曲の最高傑作は、一七三九年に書かれた、作品六の《コンチェルト・グロッソ集》であろう。ここに収められた十二の堂々たる協奏曲は、バッハの《ブランデンブルク協奏曲》とならんで、バロック・コンチェルトの最高峰に位するものである。ひたすら内側を掘り下げようとするバッハと異なり、ヘンデルはのびのびと外側に広がろうとする発想をもっているが、そのおおらかさ、豊かさは、他のどの作曲家にも求められないものである。

ヘンデルのもっとも有名な作品のひとつに、《水上の音楽》(一七一七年)がある。これは国王の舟遊びのために作曲された爽快な音楽だが、このほかにもヘンデルはしばしば、国家の祝賀行事を、持ち前の壮麗な音楽によって彩った。たとえばアーヘン平和条

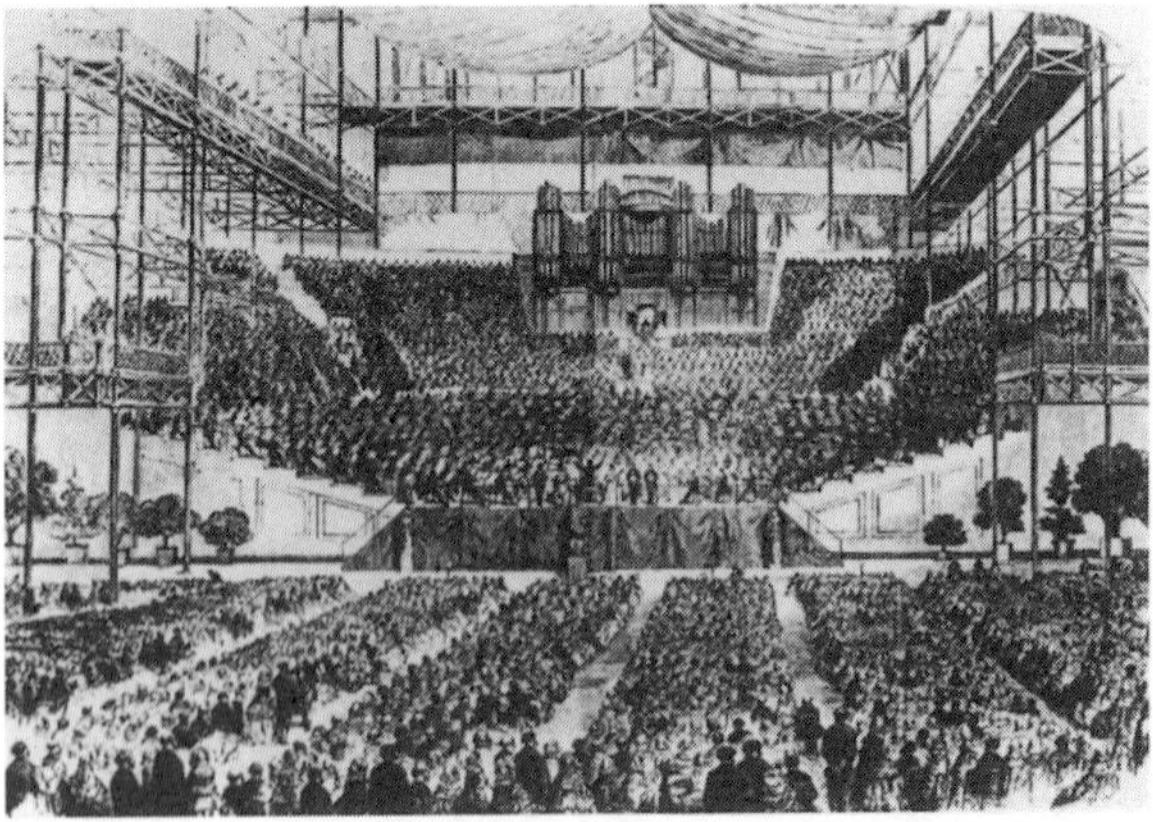

19世紀の《メサイア》演奏（1859年）

約の締結を記念して行われた一七四九年の花火の祭典に、ヘンデルは、《王宮の花火の音楽》を演奏している。

　この《王宮の花火の音楽》や《デッティンゲン・テデウム》、《戴冠式アンセム》といった作品は、ヘンデルの生前から巨大な編成で演奏されることがあり、そこから、壮大で巨人的な音楽の作曲家、ヘンデルというイメージが定着してきた。それはオラトリオについても言えることで、たとえば十九世紀半ばのヘンデル・フェスティヴァルにおける《メサイア》の上演には、二千七百六十五人の歌手と四百六十人の器楽奏者によるものがあったと伝えられる。こうした壮大さ、巨大さへの傾向もたしかにヘンデルの音楽には含まれているが、今日では、バロック時代の古楽器と当時ふつうだった小さな編成に帰ることによって、ヘンデルの音楽の本来の姿を見直そうとする努力も行われるようになってきている。その筆頭は、ジョン・エリオット・ガーディナー、クリストファー・ホグウッドら、イギリスの名演奏家たちである。彼らのきびきびした演奏によって、ヘンデルの音楽はけっして力と物量の音楽ではなく、繊細で軽やかな面を併せもった、質の高い音楽であることが見直されつつある。われわれは、こうしたヘンデルのイメージの変化にも、注意を向けていきたいと思う。

IX　神と人間に注ぐ愛――バッハにみるバロック音楽の深まり

古く、また新しいバッハ

宗教改革の時代に目覚めた、ドイツの音楽。それは民衆的な生命力を脈打たせながら苦難の時期を乗り越え、いわば地を這うように、着実な発展を始めていた。その担い手となった人々の中に、バッハ一族の音楽家たちがある。彼らは中部ドイツの教会や宮廷、また都市に仕え、ルター派の信仰に根ざした、素朴な楽の音を響かせるのをなりわいとしていた。一六八五年、すなわち十七世紀も終わりに近づいたころ、ルターゆかりの地のひとつ、アイゼナハに、一族を代表する音楽家が誕生する。それが、「大バッハ」と呼ばれる、ヨーハン・ゼバスティアン・バッハ（一六八五～一七五〇）である。

バロック音楽の歩みをたどってみると、バロック音楽のさまざまな流れは、すべてバッハ（「小川」の意）という「大海」（ベートーヴェン）に向けて流れこんでゆくような思いにとらわれないわけにはいかない。このことを今世紀初頭に指摘したのが、アルベルト・シュヴァイツァーであった。シュヴァイツァーはそのみごとな『バッハ伝』（一九〇五年）の中で、「バッハはひとつの終局である。彼からはなにものも発しない。いっさいが彼のみを目ざして進んで来た」と述べている。これは、バッハをもっぱら、中世・ルネサンスからバロックへかけての音楽の総合者、完成者とみなすという、伝統的な考えを集約している。

これに対し近年では、バッハをむしろ新しい音楽様式の開拓者とみなし、その進歩性を評価する見方が強くなった。バッハは古いものを受け継いでいるようでありながら、そこからつねに、さまざまな新しさを引き出している。そして彼の活動を通じて、古典派やロマン派の音楽のための出発点が築かれた、というのがその考えである。

しかしこの二つの考えは、どちらも同じほど真実であるというべきだろう。バッハは、音楽家のほとんどがみやびな流行を追いかけるようになった十八世紀に、なお昔の厳格な様式を勉強し続け、晩年には若い世代から非難をうけるほどに、古さを守った（第XI章参照）。だがその一方でバッハは、伝統を新しい創造のために役立てるという姿勢を崩さず、たえず前に進み続けるという努力を怠らなかった。バッハにおいては、新しさが古さに基づき、古さから、新しさが生まれている。そしてそのすべてに、比類のない深さがある。

オルガンの巨匠、バッハ

バッハは、ヘンデルと違って国外に出たことはなく、生涯のほとんどを、テューリンゲンおよびザクセン地方（今日の東ドイツ）で過ごした。生地が、上述のアイゼナハ。その後オールドルフと北のリューネブルクで成長し、十八歳のときアルンシュタットで、教会オルガニストとしての仕事を始めた。次にミュールハウゼンの教会でオルガニストをつとめ（二十二～三歳）、まもなくヴァイマルに移って、宮廷オルガニストとなった。その後三十二歳の年からケーテンの楽長に就任して宮廷楽団をとりしきり、三十八歳でライプツィヒに移って、以後の半生を、教会音楽の責任者として過ごしている。

今日のわれわれは、バッハを作曲家と考える。しかし当時の人々にとって、バッハはなによりも、オルガンの名人であった。このためバッハの青年時代は、都市の教会や宮廷の礼拝堂におけるオルガン演奏を職務として費やされ、書かれた作品にも、オルガン曲が多くなっている。中でもその黄金期は、ヴァイマル時代だった。百年後、文豪のゲーテやシラーの活躍するこの街の宮廷で、バッハは二十代から三十代の初めまで（一七

ヨーハン・ゼバスティアン・バッハ

〇八～一七年）、その卓越したオルガン演奏を聴かせたのである。

二百五十曲に達するバッハのオルガン作品は、ほとんどルター派の礼拝のために作曲されたものである。そのとりわけ重要な源泉は、ルター以来歌い継がれてきたコラールであった。このため、バッハの多くのオルガン曲からは、素朴なコラールの調べが喜ばしく、あるいは苦しみや悲しみをこめて響いてくる。そのさいバッハは、コラールの旋律を音楽的に扱うだけでは満足せず、歌詞のイメージが心に浮かび上がるようなはっきりした性格を、楽曲に与えた。たとえば、ヴァイマル時代に綴られた《オルガン小曲集》（オルゲルビューヒライン）においてバッハは、歌詞を反映する明確な楽想を曲ごとに取り出し、そこから諸声部を緊密に構成して、鋭い性格を備えた楽曲を作り出している。敬虔な祈りと瞑想の沸き上がる《われ汝によばわる、主イエス・キリストよ》BWV六三九は、中でも美しい作品である。

コラールを用いない自由なオルガン曲においても、バッハの貢献は大きかった。それらの多くは、トッカータとフーガ、ないしプレリュードとフーガ（ほぼ同義）という形で書かれている。ブクステフーデら北ドイツの先輩オルガニストたちの「トッカータ（プレリュード）とフーガ」は、鍵盤に指をかけめぐらせるようなトッカータ（プレリュード）部分が対位法によるフーガの部分と交互にあらわれる、いわば小部分の集合体であった。しかしバッハは、こうしたモザイクのような形を整理し、ひとつのトッカータ（プレリュード）とひとつのフーガが、一対一で大きく向かい合う形式を発展させてゆく。（二十歳頃の有名な《トッカータとフーガ二短調》BWV五六五はその発展過程にあり、トッカータが曲尾で戻ってくる。）プレリュードはしだいに即興性を克服して音楽的な充実を増し、一方フーガは、長い呼吸で盛り上がる、建築のような秩序をもつものとなった。ヴァイマル時代の《ドリア調トッカータとフーガ》BWV五三八はその好例であり、後年（一七三九年）の『クラヴィーア練習曲集第三部』（かつて《ドイツ・オルガン・ミサ》と愛称されたもの）には、こうした傾向の極致ともいうべき、変ホ長調の堂々たる《プレリュードとフーガ》BWV五五二が収められている。

こうしたプレリュードとフーガの形式は、クラヴィーア（チェンバロまたはクラヴィコード）の音楽にも用いられた。《平均律クラヴィーア曲集》全二巻は、それぞれ二十四

オルガンの演奏（18世紀）

曲の個性的な《プレリュードとフーガ》を集めたものである。

ところで、上図には、十八世紀におけるオルガンの演奏風景が描かれている。当時のオルガンは電気による送風機構をもたなかったから、人力で、ふいごに風を送らなくてはならなかった。したがって、礼拝のさいはもちろん、練習のときにも、こうして一生懸命に風を送る人（カルカント）がいたわけである。これはじっさいにはかなり難しい仕事で、何人もで取り組む大オルガンならばいざ知らず、小さいオルガンの場合には、演奏を生かすも殺すも、風の送り方ひとつであったといわれる。したがってバッハの周辺にも、腕に覚えのカルカントがいたことであろう。歴史には残らぬながらも、こうした人は、音楽史を裏から支える大切な存在であった。

応用されたトリオ・ソナタ

バッハのオルガン作品のうちでもとりわけオリジナリティに満ちた傑作が、長男ヴィルヘルム・フリーデマンの教育用に書かれた《トリオ・ソナタ》BWV五二五～五三〇（一七二九年頃）である。第V章で述べたように、トリオ・ソナタはもともとイタリアで発達した室内楽のジャンルで、二つの旋律楽器と通奏低音により、ふつう四人で演奏されるものであった。ところがバッハは、その形を応用し、二つの旋律声部を右手と左手に、通奏低音をペダル声部（足の声部）に置くことによって、オルガニストがひとりで演奏するトリオ・ソナタを作り出している。演奏には、もちろん高度な技術が必要とされる。

《トリオ・ソナタ》に限らず、バッハのオルガン作品は、足でひくペダル・パートが、とくにむずかしい。バッハは生前ペダル奏法の名手として有名で、目にもとまらぬ足の妙技によって、当時の人々を驚嘆させていた。その結果バッハのオルガン曲においては、それまでの音楽ではどちらかと言えば補助的な役割にとどまっていたペダルが表現力を増し、音楽に緊密にかかわってきている。それが表現に、少なからぬ厚みと深みとを加えるのである。六曲の《トリオ・ソナタ》においては、このペダルを含む三つの声部がからみあい競いあって、室内楽さながらのきめこまかなアンサンブルをくりひろげる。それはまさに、オルガン独奏による室内楽の世界である。

こうして一人の奏者にトリオを演奏させたバッハは、もちろん二人のデュオにも、それを要求した。その実例は、ケーテン時代（一七一七～二三年）の旋律楽器とチェンバロのためのソナタにみられる。そのさいバッハは、（1）旋律楽器と、（2）チェンバロの右手、および（3）左手によって、三声部のトリオを形成する。こうした手法により、フルート・ソナタやヴァイオリン・ソナタ、ヴィオラ・ダ・ガンバ・ソナタなど、いくつもの密度高い室内楽曲が生まれた。ロ短調のフルート・ソナタＢＷＶ一〇三〇は、このジャンルの代表作といえよう。

深遠な無伴奏の世界

ケーテン時代のバッハは、ひとつの旋律楽器だけのためにも、ソナタや組曲を書いている。《無伴奏ヴァイオリンのためのソナタとパルティータ》ＢＷＶ一〇〇一～六、《無伴奏チェロ組曲》ＢＷＶ一〇〇七～一二、《無伴奏フルートのためのパルティータ》ＢＷＶ一〇一三がそれである。しかしその場合もバッハは、楽器に一本の旋律を演奏させてこと足れりとはしたわけではない。バッハは音楽をポリフォニックに、すなわち複数

無伴奏ヴァイオリン・ソナタ第１番のフーガ　自筆楽譜

の旋律を立体的に組み合わせる形で発想する人であったから、旋律楽器の独奏にも、そうした効果を求めた。連続する音の動きの中にあたかも複数の旋律が聞こえるような効果を盛り込んだり、また要所の音だけを演奏させて輪郭の完成を聴き手の想像力に委ねたりすることによって、バッハは、ひとつのヴァイオリンに、巨大なフーガを演奏させることにさえ成功している。その音楽の奥行きは、すべてを書き尽くされたフーガより、さらに深い。

こうした発想は、バッハの音楽では、多かれ少なかれどのジャンルにもみることができる。すなわち、バッハの旋律が単純な一本の線であることは少なく、そこにはたいていの場合、対立する複数の線が凝縮されているのである。バッハにおいては、バロック風の対立や視点の転換が、一本の旋律の中にも隠されている。あえていえば、旋律自体がコンチェルトやフーガを内包していることさえ、まれでないのである。

多彩な協奏曲

バッハは、二十代の終わりにヴィヴァルディの協奏曲と出会ったことにより、音楽の書き方が大きく変わるほどの影響を受けた（第V章参照）。以後ケーテン時代、そしてライプツィヒ時代の中期に、バッハは自ら、多くのコンチェルト作品を書く。それらは、作風の多様さと広がりにおいて本家のヴィヴァルディを圧しており、模倣であるどころか、一作一作が新しい領域の開拓となっている。

ケーテン時代が最初の協奏曲の時代となったのは、当時この小さな町の宮廷に大の音楽好きの殿様（レーオポルト侯爵）がいて、バッハをリーダーとする、ぜいたくな宮廷楽団を作っていたからである。一七二一年にまとめられ、ブランデンブルク辺境伯に捧げられた六つの協奏曲――いわゆる《ブランデンブルク協奏曲》――は、ケーテン宮廷における多彩な奏楽の情景をしのばせるものといえるだろう。この曲集に含まれる六曲

（BWV一〇四六～五一）は、編成においても、また書法や曲想においてもひとつとして似たものがなく、各曲が、みごとな個性を主張している。

その第五番ニ長調BWV一〇五〇でバッハは、フルート、ヴァイオリン、チェンバロを、独奏楽器として使った。中でも注目されるのは、バッハ自身が演奏したと思われる、チェンバロの独奏パートである。従来チェンバロは、アンサンブルの中では通奏低音という支え役に徹してきた楽器であるが、ここではそれが一気に主役の地位にまでのしあがり、長大華麗な独奏さえ与えられている。バッハは、このアイデアをライプツィヒ時代中期（一七三〇年代頃）に発展させ、大学生の伴奏でみずから独奏するチェンバロ協奏曲を、何曲も書いた。これは、古典派すなわちモーツァルトやベートーヴェンのピアノ協奏曲への道ならしを行うものであった。

バッハのクラヴィーア作品については随時言及しているから、本章では次のことを指摘するにとどめておきたい。第一に、バッハのチェンバロやクラヴィコードのための独奏曲は、《インヴェンション》や《平均律》がそうであるように、ほとんどが家庭での教育を目的として書かれたということ。家族や弟子たちのためのこうした作曲に、バッハは、最高の霊感を惜しげもなく注ぎこんでいる。第二に、後半生におけるバッハの出版活動が、主としてこうした独奏曲のジャンルで行われたこと。一七三一年から四二年にかけて刊行された全四部から成る《クラヴィーア練習曲集》には、六曲の《パルティータ》（第一部）や《イタリア協奏曲》と《フランス風序曲》（第二部）、《ゴルトベルク変奏曲》（第四部）等が含まれている。なお、今日のピアノの前身であるフォルテピアノ（ハンマーフリューゲル）は、バッハの生前にはまだ普及していなかった。バッハもその楽器は知っていたが、興味をひかれるには到らなかったらしい。しかし、晩年の《音楽の捧げもの》（第X章参照）を開く〈三声のリチェルカーレ〉は、フォルテピアノによって即興されたことが確実である。

教会音楽の深さ

一七二三年、三十八歳のバッハはライプツィヒの聖トーマス教会にカントルとして赴任し、以後死ぬまで、教会音楽の演奏や教会学校における音楽教育を職務とした。このライプツィヒ時代を中心に作曲された教会音楽、カンタータやモテット、受難曲やミサ曲などは、バッハの数多い作品のうちでも、とりわけ感銘の深いものである。バッハは、キリスト教への深い理解と、聖書のすぐれた読みを裏づけとして、これらの音楽を作曲した。しかし彼は、その視点の深さと音楽のすばらしさゆえにかえって宗派の枠を乗りこえ、普遍的な訴えかけをもつ、人間のための芸術を作ることに成功している。

バッハは、オペラを書かなかった。しかしそれは、オペラ的な発想にバッハが無縁であったということではない。バロック音楽の根底にある劇的表現にバッハが充分に習熟していたことは、教会音楽のあちこちのページが物語っている。日曜祝日のルター派礼拝で演奏される数多いカンタータは、キリスト教の教えを、信徒の現在における内面のドラマの形で描き出したものである。

ライプツィヒ，聖トーマス教会

いずれ劣らぬすばらしいカンタータのうちから、最初期に属する第一〇六番《神の時こそいとよき時》BWV一〇六（一七〇七年）をとりあげてみよう。これはバッハが二十二歳のときにミュールハウゼンで作曲され、ある人の葬儀のさいに演奏されたものである。聖書やコラールの詩句で綴られた台本は、死が恐れの対象から、神の恵みによる安らぎへといかにとらえ直されてゆくかを語っている。（作者不詳。バッハ自身とする説もある。）死をめぐる考えのこうした転換は、個人の内面の問題であるばかりでなく、キリスト教の立場からすれば、歴史の問題でもあった。すなわち、旧約聖書の伝えるキリスト以前の信仰が死を恐れざるを得ない段階にとどまっているのに対し、新約聖書の伝える信仰、すなわちイエスが十字架上で人間の罪を贖ってからの信仰には、死を安らぎとして、さらには永遠の生命への出発としてとらえる可能性が約束されている、というのが、キリスト教の考えだったからである。したがって、このカンタータのテキストは、旧約聖書の言葉と新約聖書の言葉を対立させ、そこから死の意味を捉え直す、というアイデアで作られている。その対立がまさに現在化され、死への認識の劇的で印象深い転換が起こってくるのが、曲のちょうど中央に置かれた合唱曲《これは古い契約の定め》である。

生と死のドラマ

この合唱曲では、合唱の下三声部が厳しいフーガをなし、死が避けがたい宿命であるという、旧約聖書外典の恐ろしい宣告を伝える。

これは古い契約の定め。
人よ、お前は死ななくてはならない。

これは、世に生きる者すべての実感でもあろう。だが、このフーガを中断するように入ってくるソプラノの声の明るさはどうだろうか。ソプラノは、新約聖書『ヨハネ默示録』の言葉を歌って、イエスが来て下さるかぎり、死はむしろ希望の対象であることを教える。

そうです。主イエスよ、来て下さい！

そして、福音に心を委ね、現世からの解放を願うソプラノを励ますかのように、リコーダーには、《われわれがことを神に委ねたり》というコラールの旋律が響く。恐ろしいフーガとソプラノはしばしの争いののちに形を崩され、ソプラノが勝ちを占める。

《マタイ受難曲》

こうした作品を聴くと、われわれは、バッハがごく若い頃から、生と死の問題に深く心をとらえられていたと考えないわけにはいかない。バッハは幼くして両親に死に別れ、のちには最初の妻を喪い、さらに、二十人を数えた子供のうちの多くを喪った。当時そうしたことは必ずしも珍しくはなかったのであるが、それでもこうした体験を経るうちに、バッハは世と人間を見る目をとぎすまし、この世を超えたところに、救いを求める気持ちを強めていったものと思われる。そのためであろうか、死に取り組むバッハの音楽は、いつも不思議な憧憬をたたえ、穏やかな安らぎにみちている。

死にかかわる音楽の精髄は、ライプツィヒ時代の初期に初演された《ヨハネ受難曲》BWV二四五（一七二四年）と《マタイ受難曲》BWV二四四（一七二七年）であろう。このうち、バッハの最高傑作の誉れ高い《マタイ受難曲》について、若干の考察を行うことにしたい。

《マタイ受難曲》は、新約聖書「マタイ伝」におけるイエスの捕縛、裁判、十字架上の死の物語に、音楽をつけたものである。聖書の各場面はレチタティーヴォによって語るように歌われるが、それらはドイツ・バロックのオラトリオ風受難曲の伝統に従い、独唱アリアや合唱コラールに流れこんで、感想なり意味づけなりを与えられながら進んでゆく。その音楽には、種々の修辞法や十字架の象徴、数の象徴（次章参照）が豊かに盛り込まれている。

「ペテロの否認」の語ること

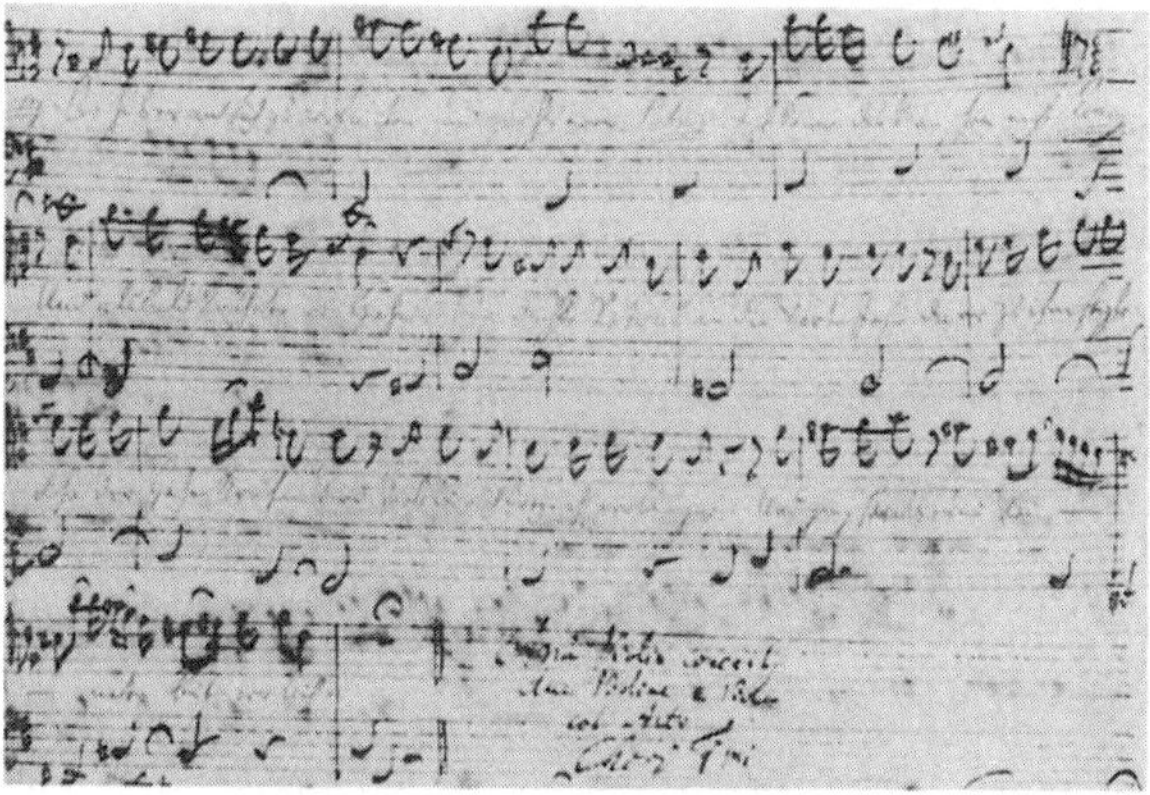

《マタイ受難曲》の自筆楽譜　「ペテロの否認」の部分

そのとりわけ有名な部分に、「ペテロの否認」のくだりがある（マタイ伝第二六章六九節以下）。イエスの一番弟子であったペテロは、捕縛の時の迫っていたイエスに対し、「何が起ころうとも、どこまでもついてゆきます」と誓う。しかしイエスは、今夜鶏が鳴く前に、お前は私のことを三度知らないというであろう、と預言する。やがてイエスが捕らえられ、ペテロは、ひそかに後を追った。すると、見咎める人がいてイエスとの関係を質すので、ペテロは、そんな人は知らないと断言する。その否認が三度に達したとき鶏が鳴き、ペテロはイエスの言葉を思い出して、涙にくれた……。

　この場面が語るのは、人間の弱さ、罪深さであろう。バッハの受難曲では、それを鋭く印象づけるレチタティーヴォのあとに、罪を悔い神に憐れみを祈る、アルトのアリアが置かれている。

憐れみたまえ、わが神よ、
したたり落ちるわが涙のゆえに。
照覧あれ、心も目も
御前に激しく泣く。
憐れみたまえ、憐れみたまえ！

このやさしいアリアにはさらに爽やかなコラールが続き、神のみもとに立ち帰る決意と、神の恵みの認識とを歌い出す。

たとえあなたから離れ出ても、
ふたたびみもとへと立ち帰ろう。
御子がわれらを
悩みと死の責苦をもって贖って下さったのだから。

私は咎を否定しない。
しかしあなたの恵みと愛は、
私のうちに宿り続ける罪にくらべ
はるかに大きいのだ。

以上をまとめてみよう。まず聖書の場面では、ペテロの否認の物語が、いわば第三者の世界の出来事として、客観的に報告される。次にくるアルト（シオンの娘）のアリアは、ペテロの犯した罪をこの「私」の罪であると捉え、神に憐れみを祈る。すなわちこれは、信徒個人の立場から、出来事に対する主観的な反応や感情をあらわすものである。それはさらに、合唱コラールによって、「われわれ」の世界へと受け取られ、罪に勝る神の恵みと愛、という共同体的な認識へと結集する。すなわち、曲が進むにつれて、「ペテロの否認」という出来事が「私」に、また「われわれ」にとってどういう意味をもっているかが明らかにされ、その背後にある神の摂理への認識が、いっそう深くなってゆくのである。こうした場面をいくつも連ねながら、《マタイ受難曲》は進んでゆく。

バッハ的慈愛の源泉

以上のくだりをバッハは感銘深く音楽化しているが、その音楽を聴くわれわれは、人間の弱さ、小ささを実感しながらもいつしかその思いから解放され、救いへの希望に心満たされてゆく。バッハの音楽によく「慈愛」という言葉が使われるが、「ペテロの否認」の場面ほど、その言葉がふさわしいところはないであろう。こうした「バッハ的な慈愛」は、歌詞だけを読んでいては、感じることのできないものである。したがってそれは、音楽の、不思議なすばらしい働きに基づいている。しかし、ここでの感動が旋律の魅力とかハーモニーの工夫といった、純音楽的な事柄だけに由来するものでないこともまた、確かである。そこでは音楽を通じて音楽を超えた何かが、われわれに働きかけている。それは、かならずしもキリスト教を受け入れていない日本人のわれわれをも、少しも変わりなく慰め、励ましてくれる何かである。

私は、むしろこの場面から、バッハの人間に対する信頼を読み取りたい気持ちにかられる。人間は、たしかに弱く小さな存在であるが、にもかかわらず、罪を悔いて神に祈るという、すばらしい能力をもっている。キリスト教的にいえば、それこそ神の愛にほかならない、ということになろう。しかし反省、悔い、願い、希望などは、キリスト教徒であると否とを問わず、世のまじめな人に、広く所有されているものである。こうした人間の善なる部分への信頼が目覚め広がってゆくところに、われわれがこの音楽から受ける豊かな慰めの源泉があると思う。

バッハの音楽は、キリスト教の教義を信じているかどうかにはかかわりなく、人間の問題をまじめに考えている人、人間を超える価値に向かおうとどこかでしている人のすべてに、宗派を超え、国境を超えて、訴えかけるものである。なぜならば、教義は世界の宗教において個別的であるが、宗教を求める心、超越的な価値に向かおうとする心は、広く普遍的だからである。その「渇き」を内側に知る人はみな、バッハの音楽を真に理解することができるはずである。

X　数を数える魂――バロック音楽の思想

音楽の与える感動

「テーゼオに捨てゆかれたアリアンナが岩の上で歌う悲しみの歌は、奇跡的な成功を収めた。それは充分な感情をこめられ、きわめて哀れな様子で演じられたため、それを聴いて感動しない者はなく、婦人たちの間に、彼女の嘆きに涙しない者もなかった。」

一六〇八年に四千人の大観客を集めて行われたモンテヴェルディのオペラ《アリアンナ》の初演を、マントヴァ宮廷の年代記は、こう伝えている。この場面、〈アリアンナの嘆き〉の音楽は、半音階や不協和音によって、ヒロインの悲しみを喰い入るように描く。しかしその手法は、のちのロマン派の音楽などに比べれば、ずっと簡素で控え目である。

ところがそうした曲から、当時の人々は、想像を超えるほどの激しい感動を受けとっていた。そして音楽家の方も、人の心を強く動かすことを、当時なりのやり方で意識的に追求していた。ルネサンス音楽が心を鎮め、清める働きをするとすれば、バロック音楽は心を掻きたて、心に激しい感情を目覚めさせようとする。そこでは静かなやさしいページさえ、ひとつの対比として、全体のダイナミックな効果に組み込まれるのである。

音楽の目的と作用

バロック時代の音楽理論書をひもといてみると、感情を動かすこと、心をゆさぶることが、音楽の目的として、大きく掲げられていることに気づく。たとえば、バロック時代の音楽に対する考えや情報を集大成したマッテゾンの大著、『完全な楽長』(一七三九年)。そのタイトル・ページには、二つのコインが描きこまれている。右の竪琴のコインは、「調和する不調和」としての音楽の本質をあらわすものであるが、「音楽の記念碑」と題する左側のコインは、音楽の目的を示すものである。ここでは、音楽の守護聖女である聖チェチーリアの像の左右に、「ラウダンド」「コンモヴェンド」という二つの言葉が見られる。前者は神を讃美すること、後者は人の心をゆり動かすことを意味し、これがすなわち、バロック時代の伝統的な音楽観の集約にほかならなかった。

マッテゾン『完全な楽長』の２つのコイン

これら二つの目的は、必ずしも矛盾するわけではない。神を讃美し、神の心に適うすぐれた音楽は、人の心をも当然ゆり動かす。そして喜びや悲しみの感情を正しい形で呼び起こして、心の働きを正す。それによって音楽は人を道徳的に高め、ひいては、神への正しい信仰に向けてゆく……。これが、マッテゾンの伝える、当時の考え方であった。

音楽が人間に大きな力をもって働きかけることの根拠を、バロックの人々は、聖書の記述に見出した。なかでもよく引かれたのは、イスラエルの王サウルにとりついた悪霊を、ダビデが竪琴の演奏によって追い払うという、旧約聖書サムエル記のくだりである。その場面はレンブラントの絵画によっても有名であるが、ライプツィヒの教会音楽家でバッハの前任者であったヨーハン・クーナウはそれを音楽で描写し、絵画的な《聖書ソナタ集》（一七〇〇年頃）の第二曲としている。

音楽のこうした医術的な作用を述べることに、バロック時代の音楽理論書は少なからぬページをさいた。その中には、毒グモに刺されたらタランテラ舞曲を踊ればよいというような、科学的というより呪術的な記述も多くあるが、そこに示された音楽療法への視点そのものは、今日ふたたび見直されつつある。

デカルト理論の応用

音楽の心をゆさぶる作用は、けっして神話的・伝説的見地からのみ信じられていたわけではなかった。バロックの理論家たちは、論理的な根拠に基づいて、このことを主張しようとした。そのさい最大のよりどころとなったのは、フランスの哲学者、ルネ・デカルト（一五九六〜一六五〇）の『情念論』（一六四九年）である。

かつて『音楽提要』（一六一八年）において音楽の目的を「人を楽しませ、われわれのうちにさまざまな情念を喚起すること」と規定したデカルトは、『情念論』において、いわゆる感情を動物精気の運動ととらえ、その運動のあり方によって、喜び、悲しみ、愛、怒りなど、種々の情念を区別した。バロックの音楽理論家たちはこの学説を音楽に応用し、音楽がいかにして情念を呼び起こすか、また音楽のどんな要素がどんな情念に対応するかの議論を展開する。この理論が、「アフェクテンレーレ」（情緒説）と呼ばれるものである。

情緒説（音楽による情念論）の初期の代表者、アタナージウス・キルヒャー（一六〇二～八〇）によると、ある音楽がある情念を聴き手の心に呼び起こすことができるのは、音楽と人間の心に、一定の数学的比例が共有されるためであるという。バロック時代においては、感情表現とかかわらせる形で、音楽の数学的性質が指摘される。さまざまな存在の原理である数は、当時、感情の原理でもあったのである。

音楽は一種の数学

今日の総合大学では音楽が、文科の科目として歴史的に、あるいは美学的に学ばれる。しかし中世の大学においては、音楽は理科の科目として学ばれた。中世の大学には自由七科というカリキュラムが存在し、それは言語系の三科――文法・修辞学・弁証法（論理学）――と数学系の四科に分かれていた。音楽はこのうち、幾何・算術・天文学とともに、数学系の四科を形成していたのである。そもそも音楽は、四拍子、四小節、四分音符、四度音程といった今日の用語からもわかるように、いろいろな形で数とかかわっている。とくに、音程の背後には一定の数比例が隠されており、よく協和する音程は、オクターヴが一対二、五度が二対三、三度が四対五といったように、ごく簡単な振動数あるいは弦の長さの比に、還元することができる。古代から中世にかけては、音楽の背後にあるこうした数的比例を発見することこそが神の真理に出会う道であり、曲を作ったり歌ったりすること以上に、価値のあることと考えられていた。なぜならば、数は永遠にして不変のものであり、音響が煙のように消え去っても、数は残って生き続けるからである。

ルネサンス以降、音楽の実践が発展するにつれて、数学的な音楽観は後退を始める。しかしバロック時代にもその影響はなお根強く生き残り、ドイツを中心に、最後の高揚を見せたのである。ドイツの音楽理論書の多くは、音楽を依然として「数学的一学科」と定義している。当時の代表的な哲学者ライプニッツが音楽を「魂が知らずしらずのうちに数を数えること」と規定しているのも、この流れを踏まえている。

数という基本原理は、音の形をとって鳴り響けば音楽になるし、目に見える姿をとってあらわれれば、世界になる。したがって、数の媒介するところ、世界は音楽の目に見える姿であり、世界という音楽を奏でているのは、全能の神ということになる。そこでバロック時代には、世界は神の弾くオルガンである、という隠喩が生まれた。ドイツ出身のキルヒャーがローマで出版した『音楽汎論』（一六五〇年）には、世界が神の弾くオルガンとして表象され、六つのパイプ群がそれぞれ、創世記の語る世界創造の六日間に対応させられている。たとえば、中央上のパイプは、第一日における闇からの光の創造

世界の創造を象徴するオルガン
キルヒャーの『音楽汎論』から。

を鳴り響かせており、聖霊を象徴する鳩の飛ぶ姿がみえる。その右は草木の創造である第三日、いちばん右は、アダムとエバが創造される第六日の情景である。パイプの数七は、神が七日目を休み、一週間で聖なる創造を完成したことにかかわるのであろう。こうした象徴的な思考法は、バロックの文化に広く浸透していた。

音楽作品における幾何学的な秩序

キルヒャーによれば、音楽は鳴り響く数であると同時に、鳴り響く幾何学でもある。たしかにバロック音楽の楽譜をみると、そのバロック式庭園さながらの整然たる秩序に、目をみはることが少なくない。たとえば、バッハにも強い影響を与えたニュルンベルクのオルガニスト、ヨーハン・パッヘルベル（一六五三〜一七〇六）の有名な《カノン》。「カノン」というのは、いくつかの声部が厳格に追いかけ合う輪唱風の書き方を指すが、この作品では通奏低音が二小節のバス音型を何度も何度も繰り返し、その上で三つのヴァイオリン声部が、まったく同じ旋律を模倣し合いながら進んでゆく。耳にはごく自然に聞こえるこの音楽が、じつは、厳格な幾何学的秩序から成り立っているのである。

こうした幾何学的書法の第一人者は、やはりバッハだった。バッハの楽譜は、初心者のための《インヴェンション》を初めとしてどれもまことに秩序正しく書かれているが、中でも晩年の作品に、その傾向が徹底している。その一例として、《音楽の捧げ物》BWV一〇七九をとりあげよう。

《音楽の捧げ物》は、六十二歳のバッハが、フルートの名手として知られるプロイセンの君主、フリードリヒ二世に捧げた曲集である。バッハは一七四七年にポツダムの宮廷

パッヘルベルの《カノン》

を訪れ、大王の自ら与えたテーマに基づいて、みごとな即興演奏を聴かせた。その体験をもとにまとめられ、王に捧げられた曲集が、《音楽の捧げ物》である。そこには、王の主題を対位法的に扱った、技巧的で謎に満ちた曲が集められている。

その中に、〈反行の拡大によるカノン〉と題された小品がある。これは上下二段の楽譜（次ページ参照）で書かれているが、このうち上のパートは、王の主題の変形。下の対位旋律に、カノンが隠されている。逆向きのト音記号や調号などを手掛かりとして解読してみると、カノンをなす二声部が王の主題をはさみこむ形の、三声部楽曲が浮かび上がってくる。そのさいカノンをなす二声部の関係を調べると、あとで出発する声部が、先行する声部を上下ひっくりかえして（すなわち「反行」で）、二倍の音価に「拡大」して演奏する形になっていることがわかる。この反行と拡大の数学的関係は、曲が終わるまで

バッハの《音楽の捧げ物》から〈反行の拡大によるカノン〉(上より 4 段)

●反行の拡大によるカノン

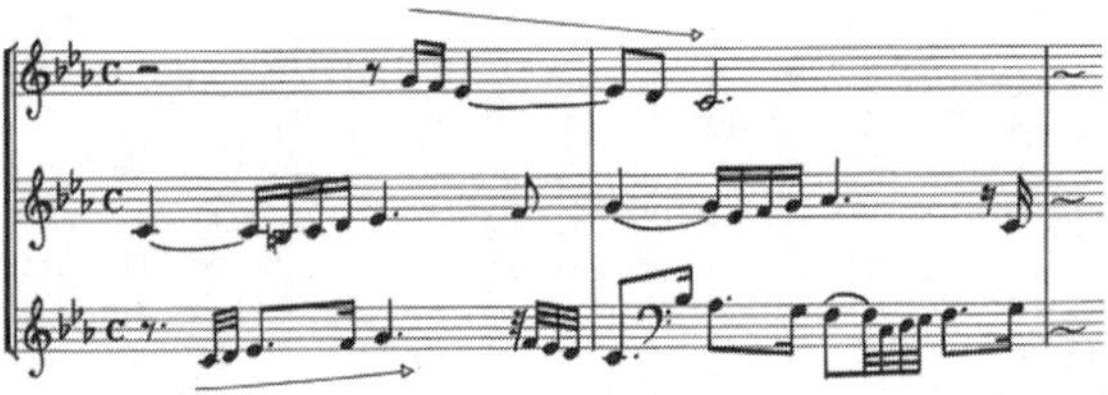

〈反行の拡大によるカノン〉の解読譜

維持され続ける。

これはきわめて数学的な発想で書かれた音楽であるが、そのほとんど曲芸的な技巧にもかかわらず、音楽は厳しく澄んだ美しさに輝いている。それはバッハが、こうした技法を遊びないし自己目的として使ったのではなく、この世を支配する神の秩序の模倣として、そこに高い宗教的意義を与えながら使ったためであろう。

〈反行の拡大によるカノン〉の説明は、これでもまだ尽きていない。初版のうち王に献呈された分の楽譜を見ると、欄外にラテン語で、「音符の長さの増しゆくごとく、王の幸いもいや増さんことを」という注記がある。つまりバッハは、カノンの音符の長さが拡大されることに、王の幸いが増すという象徴的な意味を上乗せしているのである。

意味深い数の使用

バッハは、しばしば音楽に音楽を超える機能を与え、音響の背後に存在する深い意味をさし示させた。こうした技法のうち興味深いものに、数に特定の意味をもたせるものがある。そのいわゆる数象徴技法を、《ミサ曲ロ短調》の〈クレド〉(ニケーア信経)楽章を例にとって考察してみよう。

《ミサ曲ロ短調》ＢＷＶ二三二は、バッハが多くの旧作をもとにし、加筆総合する形で最晩年にまとめあげた大作である（一七四八～四九年）。これは、プロテスタントとカトリックの対立を超える視点で綴られており、宗教音楽家としてのバッハの結論ともいうべき作品になっている。

その〈クレド〉（われ信ず）の部分。第Ⅲ章で述べたように、クレドは三位一体に対する信仰告白であり、父なる神を信ず、子なるキリストを信ず、聖霊を信ずという、きわめて重要な祈りを含んでいる。この〈クレド〉は、ミサ曲を構成する五つの曲の三番目に、二つの憐れみの祈りと、二つの栄光の讃歌にはさまれる形で置かれる。すなわち、ミサ曲を前後対称の十字架の形にたとえるなら、〈クレド〉はその中央に位置するわけである。バッハはこの〈クレド〉を、神（三位一体）の数である三の三倍、すなわち九つの楽章に分けて作曲した。この〈クレド〉をふたたび十字架にたとえると、その中央にあたる五曲目に、〈十字架《クルツィフィクスス》につけられ〉の章がくる。この章を中心とした降誕、受難、復活の三つの章が、ミサ曲全体の核心部を構成するのである。注目すべきことに、この三つの章は、いずれも三拍子で書かれている。

〈十字架《クルツィフィクスス》につけられ〉は、ラメント・バス（半音下降音型）の反復に基づく、シャコンヌの形で書かれている。この「嘆きの低音」は、あわせて十三回出現する。その上で、「十字架につけられ Crucifixus」の歌詞が、五つの音符から成るモチーフによって、刺

《ミサ曲ロ短調》から〈クルツィフィクスス〉自筆楽譜

すように鋭く歌われる。声部の数は、あわせて十声部である。

この十三、五、十という数に、どんな意味があるかを調べてみよう。数に特定の意味を当てはめるという習慣は、洋の東西を問わず広くみられるものであるが、キリスト教社会も、聖書における数の意味深い使い方を基礎としながら、独自の数象徴の伝統を形成した。それによれば十三は、最後の晩餐の人数であり、その不吉なイメージによって、キリストの受難を象徴する。バッハがこの数をここで意識的に使ったことは、原曲となったカンタータ楽章よりも反復が一回分増やされているところから推測される。

次に五は、キリストが十字架上で受けた傷の数とされてきたものである。また十は、モーセの十戒、すなわち律法や掟とかかわる。ここではそれは、律法の支配する世の中における受難の必然性を示すとみられる。

こうした着眼で前後の章を調べてみると、前に来る「降誕」の章からは、声部の数と曲の長さ（四十九小節）から、七という数が浮かびあがってくる。この七は、神の恵みをあらわす聖数であり、ここでは、キリストの降誕が神の恵みであることを暗示する。また、「受難」のあとにくる復活の章は、十七の声部で書かれている。十七は、神の恵みである七と律法の十を合計した数であり、旧約聖書の預言と新約聖書の福音をあわせた数として、神の救いの完成を示すものと考えられた。その数が、復活・昇天・再臨を語るこの楽章に、意味深く封印されているのである。

さて、復活の合唱は、「嘆きの低音」の十三回にわたる反復のあと、そのちょうど十四回目にあたるべきところで、輝かしく歌い出される。この十四という数は、アルファベットの数字化を通じて、バッハ自身を示すものである。（Aを一、Bを二としてBACHを数に置き換えて合計すると、二＋一＋三＋八＝十四となる。）バッハはこのことに興味をもち、大切な曲にはよくこの数をしのばせて、自分のサイン代わりとした。だとすればバッハは、「復活」の章に十四という数をかかわらせることにより、復活に寄せる老いた自分の願いを、ひそかに籠めているのではなかろうか。ここで歌われる主題の音符数がちょうど十四になることも、こうした推測を裏付ける。このほか、聖書の関連部分(出来事を預言した部分や出典箇所など)を音楽中の数によって指し示す手法も、バッハはおりおり使ったとみられる。

こうした象徴は、バッハ自身によって説き明かされているわけではない。それらはわれわれによって解釈され、推論されるものである。したがって、気がつかないところにさらに深い意味が隠れていることもあるだろうし、バッハには思いもよらぬこじつけが行われていることも、まれではないであろう。しかし、少なくとも確実なのは、バッハが長い伝統を背景にふまえながら、数に超越的な働きを認めていたことである。そしてそれは、バッハの精神世界の解明のために、重要な鍵となる可能性をもっている。

音楽と数学の緊張関係

音楽が鳴り響く数であるという考えは、古代・中世から受け継がれたものである。だがバロックの人々は、かならずしもプリミティヴな合理主義から、それを盲信していたわけではなかった。彼らはこうした考えを、当時台頭しつつあった新しい科学的な思考

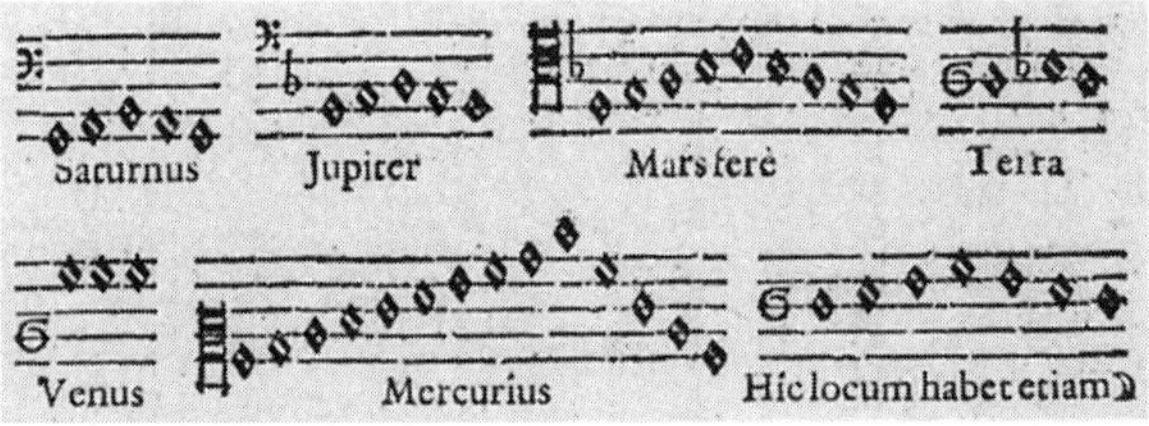

ケプラーによる惑星の音階

法と調和させ、その矛盾を解決したいと考えていたのである。多様化し複雑化する現実を統一的にとらえるためにも、伝統と科学の調停は、どうしても必要なことであった。

たとえば、ドイツの科学者ケプラーは、『宇宙の調和』と題する著作（一六一九年）で、六つの惑星に一定の音階をあてはめるという試みを行っている。太陽系と音階の類比そのものはプラトンにさかのぼり、以来「天球の音楽」の壮大なファンタジーを生み出してきたが、天球が人間には聞こえない美しい音楽を発しているという考えの前提には、それが完全な円の軌道上を一定の速度で動いている、という信念があった。しかしケプラーは、惑星の軌道が楕円であることを発見する。にもかかわらず彼は、そこになお、音楽的な調和が存在することを立証しようとした。そして彼は、近日点と遠日点の角速度の比から六つの音階を導き出し、それを楽譜の形であらわしたわけである。

数の比例と音の響きの間に不思議な矛盾が存在すること

にも、当時の音楽家たちは気づいていた。たとえば、チェンバロやオルガンで鍵盤の音の高さを整えるとき、すべての三度や五度を単純な数比で揃えることは不可能である。個人の要求をやわらげてはじめて調和のある社会ができあがるように、音楽においても調律という作業を通じて音程を微妙にずらせ、数比を調整してやる必要がある。そうしないと、よく響く協和音が、鍵盤上で共存できないのである。そのさい、使う音は限られても主要な和音ができるだけ澄んでいる方がいいか、あるいは、響きが多少濁っても、いろいろな音を自由に使える方がいいかという二者択一を、音楽家は迫られる。

バロックの音楽家がとった道は、なるべくたくさんの音を自由に使い、音楽の表現能力を拡大してゆこうとする方向であった。つまり、「単純な数比に基づく音程ほど完全で、よく協和する」という古来の原則を上手に破ってゆかないと、音楽の世界は、拡大できなかったのである。この発展の歴史上画期的な意味をもつのが、バッハの《平均律クラヴィーア曲集》であった。

《平均律クラヴィーア曲集》

《平均律クラヴィーア曲集》全二巻は、それぞれ二十四曲のプレリュードとフーガから成り、ハ長調からロ短調へと、鍵盤楽器で演奏可能なすべての調性による作品を並べて

《平均律》第 1 巻，ロ短調フーガの自筆楽譜

いる。それまでは珍しかったシャープやフラットを多く使う調性も、この曲集ではすべて用いられた。今日の平均律に一歩近づいた、どの和音も平均してよく響くような新しい合理的な調律法に基づいて、バッハは、音楽の宇宙空間を征服したのである。バッハはこの曲集をまとめてゆくうちにおそらく、神の世界秩序のすみずみまで音の旅を進めるような思いにとらわれたに違いない。

第一巻（一七二二年）の第二十四曲、最後のロ短調のフーガ（BWV八六九）には、曲集の画期的な意義が、象徴的に籠められている。トリオ・ソナタ様式で書かれた美しいプレリュードのあと、フーガは、悲愴で雄大な主題によって始まる。主題を構成する二十一の音符には、それまでの曲でもれなく使われてきた十二半音のすべてが含まれ、当時としてきわめて斬新な響きを作り出しているのである。そこには十字架やため息の音型もみられ、曲がキリストの受難とかかわりをもつことを暗示している。

この第一巻がまとめられたのと同じ一七二二年に、フランスの音楽家ラモーは、『和声論』を発表した。これは、今日の音楽理論の先駆をなす著作のひとつであり、音楽の根本原理を、和声すなわち調性と和音の機能に還元する形で説明している（第XI章参照）。これは、音の宇宙空間を理論の面から征服する試みであったと言えるだろう。

絵でみる音楽観

キルヒャーの『音楽汎論』の扉絵は、「音楽」という概念がバロック時代にもっていたるつぼのような広がりを、集約的に見せてくれる。絵を解釈してみよう。構図は、天上の音楽と地上の音楽を一枚に書き込み、その交流を暗示するという、いかにもバロック的な発想のものである。十二宮の見える天球に座して両界をつなぐ役割を果たしているのが、音楽の守護聖女、チェチーリア。天上では天使たちが、「聖なるかな《サンクトゥス》」（二一三頁参照）という三十六（三×十二、十二は神の民や教会の数）声部のカノンを歌っている。中央には、三位一体の神の瞳が三角形を内蔵した太陽の中心に輝いており、そこから発せられた二十一（三×七）本の光条が、雲を貫いて、下界まで射しこんでいる。これに耳を傾けるチェチーリアの右手にはキタラ（竪琴）、左手にはシリンクス（笛）が握られている。

下方には、人間の世界が広がっている。遠景に見えるのは、パルナッソス山、天馬ペガサス、ヒポクレネーの泉、羊飼、輪舞するサテュロス、魔境にさしかかるオデュッセウスの船といった、古代ギリシャの道具立て。当時関心を集めていたエコーが、古代の響きをキリスト教社会に返しているさまも見える。左下では、古代ギリシャの数学者ピタゴラスが、鍛冶屋のハンマーの響きの違いから、音の数学的な関係を発見している。この鍛冶の情景は、音楽の起源として、伝説化されていたものである。

古代の楽器を踏みつけるピタゴラスが音楽の学問的な側面を代表しているのに対し、右に位する女神アテナは、近代的な楽器を集めて、これに対抗している。そこには、当代へ向かっての実践的な音楽の発展が暗示されているのであろう。思弁と実践、古代の遺産とキリスト教の影響……。こうしたものがさまざまに入り混じって、バロックの音楽観が形成されていた。

この絵の中には、当時世界を構成するとされた四つの元素、すなわち火・水・土・気を、すべて見ることができる。この四元素が世界を構成するという考えは、フランスのバレエにおいても、好んで舞台化された。たとえば、一六一七年の《ルノーの解放》と

キルヒャー『音楽汎論』の扉絵

題するバレエでは、ルイ十三世が炎の衣装に身を包み、「火」に扮して登場した。また、ジャン・フェリ・ルベル（一六六六～一七四七）のバレエ《四元素》（一七三七年）は、始原的カオスのドラマティックな描写によって有名である（その序奏では、通奏低音が土を、フルートが水、ピッコロが気をあらわし、ヴァイオリンが火を象徴する）。

手術を記録する音楽

ケプラー、ガリレオ、ニュートンを生み出した十七世紀には、医学の発達もまた、めざましかった。進歩的な気風のあったオランダでは解剖学が発達し、大学における死体の解剖のさいには、一般の人が料金を払って見学にきたといわれている。手術も、しだいに広く行われるようになった。胆石や膀胱結石の手術はフランスを中心に普及したが、当時の手術は、麻酔も消毒も行わず、患者を縛りつけて切り開くという、文字通り決死的なものであったらしい。十八世紀フランスの音楽家、マラン・マレー（一六五六～一七二八）は、結石手術の模様を、ヴィオラ・ダ・ガンバの独奏曲に仕立てている。楽譜に記入された表題の一部を、以下に取り出してみよう。

悲嘆に暮れて――思わず出る身ぶるい――覚悟を決めて――手術台に上がる――また

ためらって下りる——思い直す——手足が布で縛られる——いよいよ皮膚が切開される——鉗子の挿入——結石がつかみ出される——苦痛のあまり声も出ない——したたる血——布がほどかれる——ベッドに運ばれる

（渡辺　決訳）

マレーは、みずからが膀胱結石手術を受けたときの経験に基づいて、この音楽を作曲した。手術に対するバロックの人々の驚きが生々しく伝わってくる作品であるが、こうした恐怖と苦痛の結果、八人のうち二人か三人が死に、助かった人も、ほとんどが後遺症に悩まされることになったという。

以上見てきたように、バロック音楽は、社会と隔絶した抽象的な音の芸術として営まれていたわけではない。それは、数学や、科学や、神学や、医学や、そのほかいろいろな学術とのかかわりの中で発展したものであり、時代を流れる思想や人々の生き方を、なんらかの形で反映していた。バロック音楽は、それを当時の人々の総合的ないとなみの中に位置づけ、人間の生の記録としてとらえるとき、いっそう魅力的な姿を、われわれにあらわしてくれるのである。

XI　コーヒーを飲みながら、音楽を——十八世紀における音楽の市民化

光の世紀の始まり

すでに述べたように、音楽史上のバロック時代はほぼ、十七世紀の全体と十八世紀の前半を含んでいる。すなわち、十七世紀に確立された音楽様式が、十八世紀に入ってもなお、しばらくは維持されたわけである。だが十八世紀の前半、すなわちバッハ、ヘンデル、ラモーやヴィヴァルディの時代は、バロック音楽の最後の高揚の時期であると同時に、音楽を支えてきた諸条件に根本的な変化が起こって、それがバロック音楽そのものを変質させ、解体させていった時期でもある。そこで本章では、十八世紀に起こった新しい流れについて、考えてみることにしよう。

十七世紀から十八世紀にかけて、ヨーロッパは変わった。すでに見たように、ヨーロ

ッパの十七世紀は、寒冷で雨の多い、暗い時代であり、生産と経済はふるわず、うち続く戦争や内乱に苦しむ民衆を、飢饉やペストが襲った。しかし、十八世紀の声を聞くとともに、世の中は明るくなってゆく。気候は安定して農業が立ち直り、商品経済が進展して、人口にも増加の兆しが見えはじめた。ゆとりを得た人々は社会の改良に期待し、この世の幸福を追求するようになる。こうした発展の中で、力を蓄えたのは、ブルジョワジー、すなわち都市の市民層であった。その反面、国王と貴族の力は、目に見えて衰えてゆく。このため音楽にも、宮廷に閉じこもらず、市民の音楽愛好家に、広く訴えることが求められるようになった。ヘンデルのオペラからオラトリオへの転進は、その端的な帰結である。

才人テレマンと出版活動

音楽が市民を対象とし始めたことによって、社会における音楽のいとなまれ方も、根本から変わってゆく。いまや公開演奏会が生まれ、音楽ジャーナリズムが形成されてきたのである。ドイツにおいてこれに貢献した音楽家が、ゲオルク・フィーリップ・テレマン(一六八一〜一七六七)であった。

テレマンは、法律学生から音楽の道に転じた人である。彼は、ライプツィヒ大学に在学中、「コレギウム・ムジクム」と呼ばれるアマチュアの演奏団体を結成し、その活動に力を入れた（のちにバッハが、その指揮者となった）。テレマンは、その後フランクフルトやハンブルクでも、同じようなグループを率いてコンサート活動を続ける。それは、今日の演奏会のひとつの先駆とみることができる。

テレマンは、宮廷に仕えるよりも自治都市で自由に生活することを好み、後半生を北ドイツ・ハンブルクの市音楽監督として過ごした。ハンブルクは、エルベ川が北海に注ごうとするあたりに位置する港町で、イギリスとも密接な交流があり、当時ドイツでも屈指の、進歩的な都市であった。市民のためのオペラ・ハウスがヴェネツィアにならっていちはやく作られたのも、このハンブルクである（一六七八年）。そんな都市における新しい音楽生活を、テレマンは一七二〇年代から半世紀近くにわたって、精力的にリードしていった。

ゲオルク・フィーリップ・テレマン

テレマンは、どんなジャンルの音楽

もすらすらとよどみなく作曲した。このため彼の作品数は膨大で、今日なお、遺稿の整理が行き届かない状態である。時代の動向に敏感だったテレマンは、市民のための出版活動にも力を入れた。彼の周囲には、ドイツの他の都市に先駆けて、音楽ジャーナリズムが形成される。そのはしりとなったのが、楽譜集《信頼のおける音楽の師》（一七二八年）の出版である。

《信頼のおける音楽の師》は、二週間に一度のわりで定期刊行された曲をまとめたもので、そこには、いろいろな楽器や歌のための気の利いた楽しい練習曲が並んでいる。これに先んじて一七二二年には、テレマンの友人マッテゾンが、同じハンブルクで、『音楽批判』と題する音楽情報誌の刊行を始めた。また一七二六年には、ライプツィヒのバッハが《パルティータ第一番》BWV八二五を出版する。それはまもなく、四部から成る《クラヴィーア練習曲集》の出版へとつながっていった。

その後テレマンは、一七三三年に、有名な《ターフェルムジーク》（食卓の音楽）を発表する。これは三巻から成る器楽の曲集であり、各巻はそれぞれ、異なった編成による管弦楽組曲・四重奏曲・協奏曲・三重奏曲・独奏曲を含んでいる。中でも第二巻のニ短調の四重奏曲は、リコーダーとフルートという新旧の楽器のしゃれた組み合わせによって、広く親しまれている。この曲集は、テレマンの多彩な筆遣いと豊かなサービス精神を、もっとも充実した形で示すものであろう。テレマンの友人だったヘンデルは、《ターフェルムジーク》の楽譜を多くの有力音楽家たちとともに予約購入し、その楽想を、たびたび自作に借用している。

一七三八年、テレマンは招聘先のパリで、《新四重奏曲集》を出版した。このおりにはライプツィヒのバッハも、予約購入者のひとりに名を連ねた。こうした創作・出版活動のほか、自伝の執筆や音楽通信（旧任地のアイゼナハへ）の仕事も、テレマンは手がけている。

愛好される音楽の条件

演奏しやすくて聴きばえのするテレマンの作品は、プロの音楽家はもちろん、市民の音楽愛好家にもたいへん喜ばれた。そのためテレマンは、ドイツ随一の作曲家として、バッハをはるかにしのぐ名声を得ていた。しかし、不特定多数の聴き手を広く満足させる曲は、それなりの条件を備えているはずである。バッハよりもテレマンの方がよりよく満たすことのできたその条件とは、どんなものだったのだろうか。テレマンの親しい友人であったマッテゾンの著作から、それを読みとってみることにしよう。

マッテゾンが一七三九年の『完全な楽長』で述べているところでは、音楽の根本にある大原則は「歌う」ということである。声楽曲はもちろん、器楽曲においても、旋律が美しく歌われなくてはならない。なぜならば、音楽の本質は、マッテゾンのみるところ「卓抜な、心ゆさぶる旋律」にほかならないからである。

美しい旋律の備えるべき条件として、マッテゾンは、「平易」「明瞭」「流麗」「優美」の四つをあげる。すなわち旋律は、どこかでもう聴いたことがあると思わせるほど親しみやすく、自然でなくてはならない（平易）。またそれは、文章のように正しく区切れアクセント付けされて、統一がとれていなくてはならない（明瞭）。また旋律は、前後の関連がよくつけられた、流れのよいものでなくてはならない（流麗）。さらにそれは、なめらかに快く歌うものでなくてはならない（優美）。この四つの条件は、十八世紀に好まれるようになった音楽、いわゆる当世風「ギャラント様式」の音楽のエッセンスを指摘したものと考えることができる。

美しい旋律を目立たせたわかりやすい音楽が市民の心をとらえるようになると、数学的な構成に基づく音楽、厳格なポリフォニーによる音楽は、急速に後退していった。こうした時流の変化にぴったり乗ったのがテレマンであり、乗り遅れたのがバッハであるということができる。一七三七年に若手音楽家のJ・A・シャイベがハンブルクからバッハに向けて発した有名な批判（バッハの音楽は自然に背いた誇張であり、複雑すぎて主旋律が聴きとれない、というもの）は、こうした当世風の価値観から行われたものである。

オペラ・ブッファの進撃

こうした「ギャラント趣味」、すなわち優美な当世風趣味の時代の到来を決定的に印象づけた作品は、一七三三年にナポリで初演されたジョヴァンニ・バッティスタ・ペルゴレーシ（一七一〇〜三六）のインテルメッゾ《奥様になった小間使い》であった。二十三歳のイタリアの才人作曲家によるこの生き生きした作品は、爆発的な人気を博し、ヨーロッパの各地へと広がってゆく。インテルメッゾ（幕間劇）とは、もともと本格的なオペラ（オペラ・セリア）の幕間に気分転換のために上演される笑劇をさし、日本の例で言えば、能に対する狂言のような機能を果たすものであった。ところが、《奥様になった小間使い》は、同時上演された《誇り高き囚人》と題するセリアを引き立てるどころか、人気においてこれを圧倒してしまった。このため《奥様になった小間使い》はしだいに、セリアから独立して上演されるようになる。これは、十八世紀において喜劇がその地位を高め、舞台における出し物の中心となってゆく傾向の、ひとつのあらわれであった。

《奥様になった小間使い》の進撃は、ナポリやヴェネツィア、ハンブルクなどで盛んに

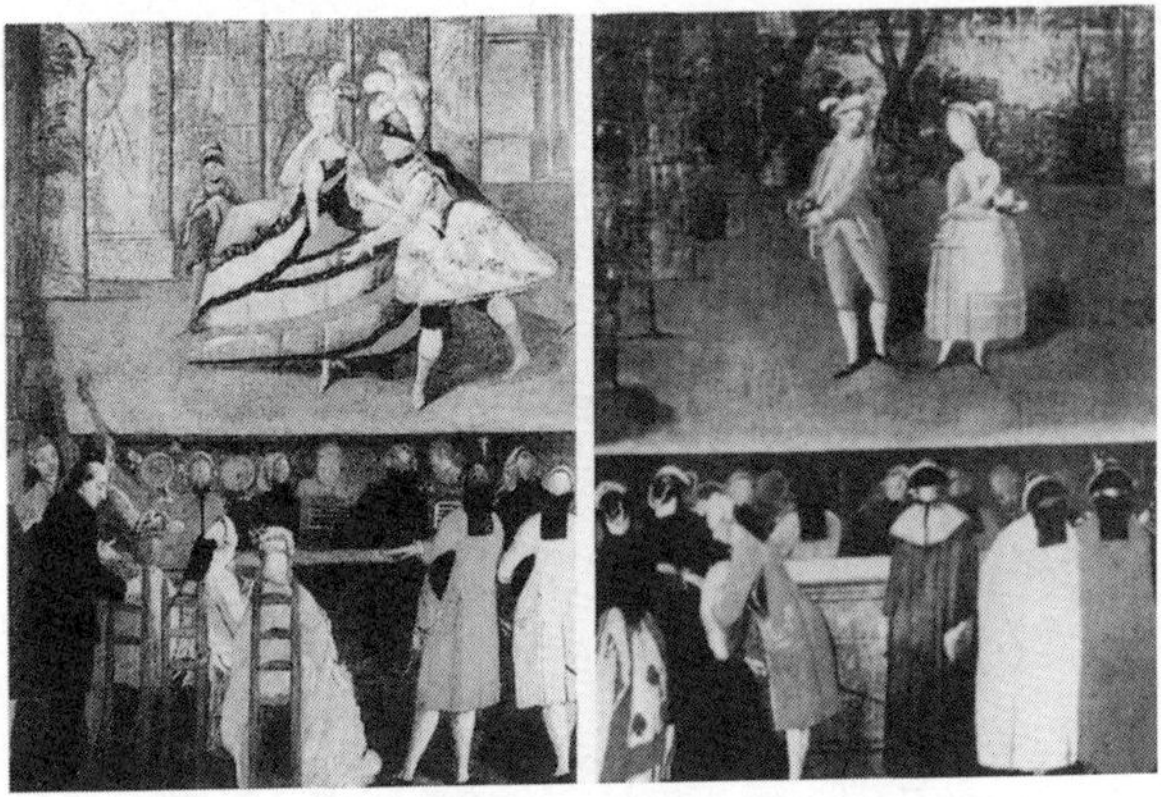

オペラ・セリア（左）とインテルメッゾ（右）の舞台

なりつつあった純粋な喜劇的オペラ、すなわち「オペラ・ブッファ」の発展に勢いを与えた。（初期のブッファとしては、《辛抱づよいソクラテス》（一七二一年）に代表されるテレマンの創作を忘れることができない。）力を伸ばしつつあった十八世紀の市民たちは、紋切り型の人物の登場する道徳的なセリアよりも、愉快で庶民的で、風刺のピリリと利いたブッファの方を、はるかに好んだのである。やがて書かれるモーツァルトのオペラにおいて、愉快なブッファが真面目なセリアを圧倒して生き生きと輝いているのは、こうした流れのひとつの帰結である。

《奥様になった小間使い》のストーリーは、美貌と才知に恵まれた小間使いがまぬけな主人にとりいり、まんまと奥様の座をせしめる、というものである（その雛型は、イタリアの即興喜劇コンメーディア・デッラルテにある）。弱いものが強いものを知力で出し抜き、結局自分のいいなりにしてしまう、という筋立ては、十八世紀の喜劇的オペラに広くみられるもので、そこには、当時における社会秩序の大きな動揺が反映されている。市民が王侯貴族をしのぐ力をつけ、革命さえ引き起こすに至る「啓蒙の世紀」の流れが、ここですでに先取りされているといってよかろう。ペルゴレーシはこうした台本をきびきびした筆致で、鋭い内的な動きを盛り込みつつ音楽化した。それは、モーツァルトの《フィガロの結婚》へ向かっての一歩であった。

コーヒーをめぐる音楽劇

一七三〇年代の新しい星、ペルゴレーシの音楽には、バッハも影響を受けたことがわかっている。バッハ自筆の楽譜の中に、ペルゴレーシの宗教曲《スターバト・マーテル》（悲しみの聖母）の筆写譜が発見されたからである。ペルゴレーシを生み出したイタリアのギャラント様式は、ライプツィヒにほど近いドレスデンの音楽生活を通じて、バッハの親しむところとなっていた。ザクセン選帝侯国の首都であるドレスデンは、十七世紀にはシュッツの活動の本拠となったが、その後この地はイタリア音楽の攻勢にさら

パリのコーヒー店のにぎわい（18世紀）

され、十八世紀には、ドイツにおけるイタリア趣味のメッカとみなされるまでになった。イタリア・オペラの大家ヨーハン・アードルフ・ハッセ、教会音楽にすぐれたヤン・ディスマス・ゼレンカ（ボヘミア出身）が当地の音楽家の大物であり、名ヴァイオリニストのヴェラチーニ（伊）やピゼンデル、名フルーティストのビュファルダン（仏）やクヴァンツも、その宮廷楽団に名を連ねている。バッハは、このドレスデンに入ってくるイタリア音楽の新しい情報にアンテナを張りめぐらし、時代の先端の趣味を取り入れた作品を書いて、ライプツィヒのコーヒーハウスで演奏した。こうしたバッハなりにモダンな作品の一例が、《コーヒー・カンタータ》BWV二一一（一七三四〜五年頃）である。

バロック時代に、ヨーロッパの人々はコーヒーを飲むようになった。コーヒーは十七世紀にアラビア方面から輸入され、ヨーロッパ各国に、急速に普及してゆく。バッハの時代には、あわせて三千軒といわれるコーヒーハウスが、ロンドン、パリなど都市の街角で香りを競い、議論好きの男性客を集めていたといわれる。その意味でコーヒーハウスは市民に知的な刺激を与え、またよき情報交換の場ともなったのであるが、反体制的な人々のたまり場になることも多く、当局に警戒され、弾圧を受けることもあった。

一方、コーヒーの健康に与える悪影響を心配する人たちもいて、とくに女性がコーヒーを飲むことには、風当たりが強かった。したがって当時は、女性のコーヒー飲用をめぐるトラブルも、巷に起こっていたに違いない。バッハの《コーヒー・カンタータ》は、そんな情景のひとつを、面白おかしく描いている。

《コーヒー・カンタータ》には、コーヒーにとりつかれた若い娘と、これをなんとかやめさせようとする旧弊な父親が登場し、かけひきを演じる。バッハはこのカンタータを、かつてテレマンの創設したコレギウム・ムジクムのメンバー（主体は大学生）とともに、ライプツィヒのコーヒーハウスで演奏した。その音楽は軽快で優雅、さらにコミカルな趣をもち、ペルゴレーシにさえ接近している。ここには、くつろいで時代の流行とたわむれるバッハの姿がある。そのさわりを引用しよう。

旧弊氏《シュレンドリアン》（ブッファ風アリアで独白）
まったく子供をもつと、面倒なことばかりじゃわい！
来る日も来る日も、娘のリースヒェンにゃ意見してるんだが、
馬耳東風、効き目なしじゃ。
（レチタティーヴォで）
けしからん子だ、ふしだらな娘だ。
ああ、いつになったらわしの願いは実現するんだ。
コーヒーをやめろと言ってるだろ！

リースヒェン
お父さん、そんなにガミガミ言わないでよ。
一日三回、コーヒーを飲めるのじゃなきゃ、
私はもう駄目、干からびた山羊肉みたいになっちゃうわ。
（メヌエット風アリアで）
ほんとに、コーヒーってなんておいしいんでしょう。
キスの雨よりなお甘く、
マスカット・ワインよりなおソフト。

コーヒー、コーヒーがなくちゃ生きられない。
私に元気をつけて下さるなら、
どなたか、コーヒーを入れて下さいませ！

コーヒー・カンタータの台本は、もともと父親の勝利で終わっていた。コーヒーをやめないと夫をみつけてやらない、という奥の手を父親が出し、さすがの娘もこれには折れる、というのが、台本作者ピカンダーのアイデアであった。しかしバッハは、このストーリーを変更し、自分流のしめくくりを作っている。すなわちバッハは、娘に結婚後も断固としてコーヒーを飲み続けようという決意をさせ、これに理解を示しつつ、曲を閉じているのである。謹厳なイメージのつきまとうバッハではあるが、このあたりは、なかなか進歩的な一面をもっていたようである。

ちなみにバロック時代には、タバコも新大陸から輸入されて、コーヒーとよく似た紆余曲折のあげく、市民生活に浸透した。バッハの家庭で寄せ書きされていた楽譜帳（《アンナ・マクダレーナ・バッハのためのクラヴィーア小曲集》）には、タバコの煙に人生のうつろい易さをなぞらえた、愉快で味のある小唄がある（BWV五一五）。

過渡期に活躍するバッハの息子たち

バッハの中に芽生えていた新しい傾向には、バッハ自身の息子たちが、枝葉を茂らせることになった。バッハの息子たちのうち、名のある音楽家に成長した者は四人いるが、中でも音楽史に大きな役割を果たしたのは、二番目のカール・フィーリップ・エマーヌエル・バッハ（一七一四〜八八）と、一番下のヨーハン・クリスティアン・バッハ（一七三五〜八二）である。エマーヌエル・バッハは、当時強大化しつつあったプロイセン王国のフリードリヒ二世に仕え、ベルリンとポツダムに、感情の動きやうつろいを繊細にとらえた「多感様式」の音楽を開花させている。そこで彼は、「ベルリンのバッハ」と呼ばれた。また彼は、のちにテレマンの後継者としてハンブルクに赴任したため、「ハンブルクのバッハ」とも呼ばれる。彼のシンフォニアやクラヴィーア協奏曲、クラヴィーア独奏のためのファンタジーやソナタは、バロックから古典派にかけての過渡期の、すぐれた芸術的成果に数えられる。

末息子のヨーハン・クリスティアン・バッハは、もっと新しい世代に属する。彼は、「ミラノのバッハ」ないし「ロンドンのバッハ」と呼ばれ、軽快で優雅な作風を誇る国際派であった。彼はイタリアに滞在したあとイギリスに渡り、ヘンデル亡き後のロンドンで、一世を風靡している。彼のオペラやサロンのための音楽にはバロックの名残はもうほとんどなく、流暢なそのスタイルは、きわめてモーツァルトに近い。それもそのはずで、クリスティアン・バッハは、幼いモーツァルトがロンドンを訪れたときに、その師となった人物であった。

百科全書時代のフランス

フランスに目を転じてみよう。一七一五年にルイ十四世が亡くなり、幼いルイ十五世が即位すると、太陽王時代の荘重さに代わって粋なロココ趣味が栄え、宮廷生活がみやびな洗練をいっそう増していった。第Ⅵ章で述べたように、ルイ十四世の時代には学問芸術を王が統制し、独占権を行使するという構造が存在した。しかしルイ十五世の時代にはその支配が緩んで開放感が生じ、貴族ばかりか市民の間でも、音楽のいとなみが盛んになる。こうして、いろいろな有力者が自分の楽団をもち、サロンでコンサートを開く時代がやってきた。一七二五年からはダニカン・フィリドールが「コンセール・スピリテュエル」と呼ばれる定期的な公開演奏会を主催するが、これはやがて、十八世紀におけるフランスの器楽と教会音楽の、輝ける中心に成長した。そのステージにはのちにモーツァルトも登場し、《パリ交響曲》によって喝采を博する日がくる（一七七八年）。

楽器製作の工房　『百科全書』より

また、徴税請負人のラ・ププリニエールも、重要なパトロンとして忘れるわけにはいかない。なぜならば、彼はオルガニストだったラモーを後援し、彼に、オペラへの道を開いたからである。

ルイ十五世治下のフランスでは、既成の権威にとらわれぬ、自由な学問の発展が目立っていた。そうした中で育まれた、人間の理性に無限の信頼を置く考え方を「啓蒙思想」と呼ぶ。その頂点に立つ業績は、ディドロとダランベールによって世紀の半ばに集成された『百科全書』である。これは二百六十四人の執筆者を動員し、人間の知恵の及ぶあらゆる領域を解明し記述しようという、じつに壮大な意図をもったものであった。その中にはもちろん音楽の項目も含まれているが、たとえばキルヒャーの『音楽汎論』など十七世紀の音楽書に比べてみると、記述の態度がはるかに科学的になっていることに気づかされる。

百科全書派の人々は、イタリアの音楽を理想としていた。したがって彼らは、ペルゴレーシの《奥様になった小間使い》のパリ上演（一七五二年）を契機として起こった「ブフォン論争」――イタリア音楽とフランス音楽の新たな優劣論争――においてもイタリア側に立ち、ラモーを、フランスの保守派として攻撃した。しかし今日の目でみるかぎり、『百科全書』にみられる理性的・体系的精神をラモーの音楽ほどよく反映させている芸術は、ほかにないように思われる。それほどラモーは、体系的・論理的な思考にすぐれた音楽家だった。前章でも述べたように、ラモーはそれまで発展を重ねてきた調性音楽を、和音の機能に基づく理論によって合理的に説明し、少数の基本法則へと還元した人である。ラモーによれば、音楽の本質は和声であり、旋律はすべて、和声の基礎から発するのであった。《タンブーラン》《めんどり》などラモーの数あるクラヴサン曲や合奏用のコンセールは、こうした発想によって書かれている。フランス風の典雅な装飾もたしかにそこには豊かであるが、クープランの感覚本位の音楽作りにくらべれば、彼の音楽には、合理的な秩序への志向が目立っている。

ヴェルサイユ楽派を開花させたフランスも、このラモーとジャン・マリー・ルクレールの時代を限りに、自国のすぐれた才能を失った。以後、ルイ十六世の治世から革命期にかけて、フランスはイタリアとドイツの音楽の攻勢にさらされ、イギリスとともに、音楽の消費国としての地位に甘んじることになった。

新時代のイタリア

さて、ペルゴレーシの母国、イタリアは、十八世紀においてもなお、音楽の最先進国の地位を保っていた。十八世紀のイタリアは、政治的にはオーストリアの支配に服する地方が多かったが、音楽面では逆に、オーストリアが、イタリアの音楽家に支配されていた。代々の皇帝の熱意によって盛んな音楽活動をいとなんでいたウィーンにおいてさえ、イタリアの音楽家の天下が、モーツァルトの時代まで続いてゆく。当時誇りうる自国の作曲家としては、理論書『パルナッソス山への階梯』を著した楽長、ヨーハン・ヨーゼフ・フックス（一六六〇～一七四一）をあげることができるのみである。

大司教領のザルツブルクも、オーストリアにおける音楽文化の拠点として、忘れるわけにはいかない。時代はややさかのぼるが、ここで活躍したボヘミア人、ハインリヒ・イグナーツ・フランツ・フォン・ビーバー（一六四四～一七〇四）の《ロザリオのソナタ集》（一六七六年頃）は、ヴァイオリンで描くカトリック信仰の記念碑としてよく知られている。

イタリアの国内ではヴェネツィアが、ヴィヴァルディ、アルビノーニ、そしてマルチェッロ兄弟によって、器楽の全盛期にあった。《アルビノーニのアダージョ》として知られる甘い曲は今世紀の模造バロック音楽だが、トマーソ・アルビノーニ（一六七一～一七五〇）は、旋律美にみちた多くの協奏曲によって、ヴィヴァルディの向こうを張った人である。マルチェッロ兄弟のうちでは、ニ短調のオーボエ協奏曲で知られる兄のアレッサンドロ以上に、弟のベネデット・マルチェッロ（一六八六～一七三九）が実力のある音楽家だった。彼の著作『流行の劇場』（一七二〇年頃）は、当時のオペラ文化の頽廃を諷刺する文献として、今日貴重な意味をもっている。

アレッサンドロ・スカルラッティの後を継ぐナポリのオペラ作曲家たちの活動も、相変わらず活発であった。ペルゴレーシ、ドゥランテ、レオ、ポルポラらが、その第一線にあった作曲家たちである。しかしマッテゾンが述べるように（第Ⅶ章参照）、十八世紀にはイタリア音楽の優位が、作曲から演奏に移ってゆく傾向も認められる。ジェミニアーニ、タルティーニのようなヴァイオリニストや、ファリネッリ、セネシーノ、クッツォーニといった歌手たちは、国外での演奏活動によって、イタリア音楽の名声に貢献した人々である。

スカルラッティの奔放な鍵盤芸術

ポスト・ヴィヴァルディ時代のイタリア出身の作曲家でもっともすぐれた業績を残したのは、アレッサンドロ・スカルラッティの息子、ドメニコ・スカルラッティ（一六八五～一七五七）であろう。彼は、一七三〇年代以降の円熟期をスペインのマドリッド宮廷で過ごし、そこで王妃マリーア・バルバラのために、五百曲以上の鍵盤楽器用ソナタを作曲している。十六世紀に海上覇権を確立し、音楽の黄金時代を築いていたスペイン。十七世紀には民族的なオペラであるサルスエラの誕生をみたこの老大国も、十八世紀には、すっかりイタリアの音楽家たちに席巻されてしまっていた。その筆頭格が、ドメニコ・スカルラッティであった。

フェルナンド六世のスペイン宮廷　王妃マリーア・バルバラの右奥の音楽家席中央に，楽譜を手にしたドメニコ・スカルラッティの顔が見える。

スカルラッティのソナタは、きわめて自由奔放な手法で綴られ、絢爛として機知に富んでいる。そこには、スペインでつちかわれた民族的な技法や踊りの強烈なリズムも、しばしば姿をみせる。スカルラッティの用いた楽器はチェンバロであるが（初期のフォルテピアノを用いたとする説もある）、それらのうちには、今日のピアノで演奏しても効果的でおもしろいものが少なくない。それは、スカルラッティがどれほど時代に先駆けていたかの、ひとつの証明であろう。

XII　現代に息づくバロック――受容史と今日的意義

日本におけるバロック・ブーム

今日われわれがバロック音楽にこれほど親しむことができるようになったのは、戦後のいわゆるバロック・ブームによってバロック音楽が復活し、その再評価が行われたからである。ではそのブームは、いつごろ起こったのであろうか。

おそらくその起点は、昭和三十年（一九五五年）に置くことができるだろう。この年は、世界的なベストセラーとなったイタリアのイ・ムジチ合奏団によるヴィヴァルディの《四季》の最初の録音が行われた年であり、日本では、音楽史の専門レーベル、アルヒーフの国内発売が始められた年であった。その最初のモノラル・レコードは、アウグスト・ヴェンツィンガー指揮、バーゼル・スコラ・カントールムの演奏によるバッハ

《ブランデンブルク協奏曲》であった。翌三十一年には、カール・ミュンヒンガー指揮のシュトゥットガルト室内管弦楽団が来日。続いて、ヘルムート・ヴィンシャーマンとドイツ・バッハ・ゾリステン、レナート・ファザーノとローマ合奏団、さらにはイ・ムジチ合奏団も、三十年代のうちにやってきている。こうして日本の音楽愛好家の中に起こってきたバロック音楽への関心をいっそう高め、定着させる役割を果たしたのが、昭和三十七年から始まったＮＨＫ・ＦＭの定時放送、「バロック音楽の楽しみ」であった。服部幸三、皆川達夫両氏の名ガイドで早朝に届けられるこの番組を通じて、バロック音楽の魅力に目覚めていった人の数は少なくない。こうして築かれた土台の上に、近年、新たなブームの盛り上がりがささやかれている。しかしそれについて語る前に、バロック音楽が歴史の中でどのような運命をたどったかを、まず展望しておくことにしよう。

バロック音楽のその後

十八世紀後半。フランス革命に向けて社会の急激な変化が進み、モーツァルトが神童として登場してくるころのヨーロッパにおいては、バロックは壮大な宴のように消え去ってしまったといっても、あながち誇張ではない。バロックと古典派をつなぐ世代の音楽家たちは、多種多様に発展していたバロックの技法をいったん精算して、単純で直截

モーツァルト編《メサイア》の楽譜（モーツァルトの自筆）

的な語法から再出発することを望んだ。このため、いわゆる前古典派の時代においては、バロックの名残は、辛うじて教会音楽の一部にみられるにすぎなかった。

人間と芸術の進歩を信じていた十八世紀の人々にとって、過去の音楽が時とともに滅びて新しい音楽にとって代わられてゆくのは、当然のことであった。なお演奏されつづけたバロック音楽といえば、モニュメンタルな効果を愛されたヘンデルのオラトリオぐらいのものである。そうした趨勢の中で、バロック音楽との出会いを自分の音楽を深めるために生かした作曲家が、ヴォルフガング・アマデーウス・モーツァルト（一七五六～九一）だった。

モーツァルトは、二十五歳のときザルツブルクからウィーンに出、宮廷の図書館長をつとめていたヴァン・スヴィーテン男爵の邸宅で、バッハ、ヘンデルの音楽に出会う。そして彼らのバロック・スタイルをまねたフーガを書き、その技法を、自作でおりおりに応用した。モーツァルトは、少年時代から対位法をひとつの技術として学んでいたのであるが、それは生きた名作を知ることにより、精神的な手段に深められたものと思われる。《ジュピター交響曲》や《魔笛》、《レクイエム》らモーツァルトの晩年の作品には、その成果がみごとに結実している。またモーツァルトは、《メサイア》などヘンデルのオラトリオをいくつか編曲し、そこに、古典派風のふくよかなオーケストラをまとわせた。だがいずれにせよ、十八世紀の後半においては、このような積極的な受容は、心ある人のささやかな試みにとどまっていた。

ロマン主義時代におけるバッハの復活

バロック音楽の再認識への第一歩が十九世紀、すなわちロマン派の時代における「バッハ復活」にあったことは、疑いのないところだろう。十九世紀に入るとバッハの作品の演奏や出版はにわかに活発化し、一八二九年にベルリンで行われた《マタイ受難曲》の蘇演が、その最初の頂点を築く。その指揮をとったのは、弱冠二十歳のフェーリク

ピアノ伴奏付きのバッハの《シャコンヌ》
上段がシューマン，下段がメンデルスゾーンの付けた伴奏である。

ス・メンデルスゾーン（一八〇九～四七）であった。
しかし、このほぼ百年ぶりの復活演奏も、バッハの音楽を昔のままの姿で復活させようとしたものではない。たとえばそのオーケストラには、原典にない、クラリネットやトロンボーンが用いられている。むしろロマン派の人々は、バッハを積極的にロマン化することによって、作品と時代との接点を発見しようとした。バッハの無伴奏ヴァイオリンのための音楽にローベルト・シューマン（一八一〇～五六）とメンデルスゾーンが表情豊かなピアノ伴奏をつけていることは、こうした「バッハのロマン化」の典型的なあらわれである。両者の編曲による《シャコンヌ》を比較してみると、シューマンはバッハの音楽の内側にわけ入って比較的自然な伴奏をつけているのに対し、メンデルスゾーンの方は、ロマンティック・オルガンのイメージをもとに、雄弁で派手な伴奏をつけている。その意味ではシユーマンの方が、バッハの本質をよくとらえていたように感じられる。シューマンは若い音楽家たちにバッハの徹底した勉強を勧め、BACHの音型主題によるフーガも何曲か作曲するほどのバッハ・ファンであった。《シャコンヌ》にはさらに、古楽の精通者ヨハネス・ブラームス（一八三三〜九七）による、左手ピアノ用の編曲がある。このほか、シャルル・グノー（一八一八〜九三）の《アヴェ・マリア》のように、バッハのプレリュードを伴奏とし、そこに甘美な旋律を乗せてできあがった曲も存在する。

かくしてバッハは、時代の衣を厚くまとわせながらも復活し、ヘンデルとともに、広く世に知られるようになった。こうして世紀の半ばには、全集楽譜の出版が始まる。今日、旧バッハ全集、旧ヘンデル全集と通称されているものがそれである。並行して、音楽史的な伝記研究も活発化し、シュピッタのバッハ伝（一八七三、八〇年）、クリュザンダーのヘンデル伝（一八五八〜六七年）のような、質量ともにすぐれた著作が発表されるようになった。またドメニコ・スカルラッティのソナタは、チェルニーによって、ピアニストのための気の利いた練習曲の地位を与えられた。

ドルメッチとランドフスカ

バッハ、ヘンデルの復興にあたっては、「古きに憧れ、古きを尋ねる」というロマン派の精神志向が、少なからぬ役割を果たした。この時代に音楽史の本格的な研究が始められ、バロック時代の音楽に対し通史の光が当てられるようになったのも、そのためである。その過程でようやく、バロック音楽を本来の姿でとらえようとする、実践的な試みが興ってきた。その口火を切り、古楽復興の先駆者とみなされているのが、イギリスのアーノルド・ドルメッチ（一八五八〜一九四〇）である。

一八八九年、ロンドンでヴィオラ・ダ・ガンバのためのファンタジアの楽譜を発見して魅了されたドルメッチは、それ以来、古楽器の収集にとりかかった。彼は、集めた楽器を使って古楽コンサートを開く一方、リュート、チェンバロ、ガンバやリコーダーを製作して、バロックの響きの復元につとめた。以後、一世紀に及ぶ、バロック音楽復興の歩みが始まる。

ワンダ・ランドフスカ
演奏の華麗な草分け。

次の世代、二十世紀の初めに脚光を浴びたのは、ポーランド出身の女性、ワンダ・ランドフスカ（一八七九〜一九五九）である。ランドフスカは、長く忘れられていたチェンバロを現代に復活させ、バッハやヘンデル、クープラン、ラモーやスカルラッティの鍵盤楽曲を、あざやかな名人芸で演奏した。しかし彼女のチェンバロは、鉄製のフレームに金属の弦を張った、ピアノとチェンバロの中間のような楽器だった。チェンバロの典雅で冴えざえとした宮廷風の響きが本当に再現されたのは、戦後、グスタフ・レオンハルトの活動を通じてである。

ランドフスカの活動と前後して、『ドイツ芸術音楽集成』（ＤＤＴ）など古楽の楽譜シリーズの出版も始まり、知られざる作曲家の作品にも、光が当てられるようになった。ブラームスも編者に名を連ねたＤＤＴシリーズの第一巻として選ばれた作品は、シャイトの《新譜表》（第Ⅳ章参照）であった。

新古典主義の時代

だが、バロック音楽の普及にいっそう重要な意味をもったのは、第一次世界大戦と第二次世界大戦の間の時期、すなわち一九二〇年代と三〇年代である。当時ヨーロッパの音楽界は、後期ロマン派と訣別していわゆる新古典主義の時代に入っており、音楽家たちは「バッハに帰れ」というスローガンを唱えつつ、明快でモダンな作品を生み出していた。その中には、たとえばストラヴィンスキーのバレエ音楽《プルチネッラ》のように、意図的に十八世紀の音楽を模倣した、擬古的な作品も含まれている。一方演奏家は、いわゆる「新即物主義」（ノイエ・ザハリヒカイト）の洗礼を受け、ロマン的な思い入れを抑制して、「楽譜に忠実」な演奏を心がけるようになった。音楽史の研究家が「バロック音楽」という言葉を使いはじめるのも、この頃のことである（第I章参照）。

バッハ、ヘンデル、ラモーに限られていた全集楽譜の出版も、この時期には、モンテヴェルディ、クープラン、リュリにまで及んだ。ドイツでは、「青年運動」の波に乗ってリコーダーが普及し、「オルガン運動」が進められた。「オルガン運動」とは、巨大で豊満になったロマンティック・オルガンから、バロック時代の純粋で透明な響きをとり戻そうとする運動をさす。アフリカの聖者と呼ばれ、すぐれたバッハ伝で知られるアルベルト・シュヴァイツァー（一八七五～一九六五）は、この運動の先駆者となった人のひとりだった。一九三三年にはスイスに、古楽の演奏と研究の機関、バーゼル・スコラ・カントールムが組織されている。これもまた、戦後のバロック・ブームに大きな役割を果たした団体であった。

この時期のバロック音楽演奏は、SPレコードによって、われわれに伝えられている。とりあげられているのはほとんどバッハの作品で、中心的な演奏家は、エトヴィーン・

フィッシャーやパブロ・カザルス、ヨーゼフ・シゲティやアードルフ・ブッシュであった。針音の中から響く彼らのバッハ演奏には、作品の精神性に肉薄しようとする気迫がひしひしと感じられて、今日鑑賞しても、感銘の深いものがある。彼らは、ロマン主義の伝統の中に育ちながらも主観的な感動を抑制する方向をめざし、当時なりの形で忠実に楽譜に向かいあうことによって、ロマン派と現代を結びつける役割を果たしている。

戦後の復興はバロック音楽とともに

バロック音楽が本当に「われわれの音楽」になったのは、第二次世界大戦後のことである。この戦争はヨーロッパの伝統文化に大きな打撃を与えたが、音楽においてその影響を深刻に被ったのは、それまで厚く受け継がれてきた、古典派・ロマン派音楽の実践であった。こうして価値観のゆらいでいる折りに登場し、戦後の復興に努力する人々の心を新鮮なイメージで爽やがせたのが、バロック音楽である。こうして人々は、バロック音楽に、異なった精神基盤に立つ芸術との、新鮮な出会いを経験したのである。

戦後何年かの間に、バロック音楽の演奏を専門とする室内合奏団が、次々と創設された。一九四五年には、カール・ミュンヒンガーの手で早くもシュトゥットガルト室内管弦楽団が結成され、一九五一年には、イ・ムジチ合奏団も誕生している。彼らは、バッハ、ヘンデルのほか、ヴィヴァルディ、テレマン、コレッリなどをレパートリーとして定着させた。そしてそこから、ヴィヴァルディの《四季》のような、バロック復活のシンボルともいうべき人気曲が生まれてきた。かつては同工異曲の最たるものといわれ、バッハが手本としていることが不思議がられたヴィヴァルディの音楽。それが、いまやそのはつらつとした明るさで、脚光を浴びるに到ったのである。

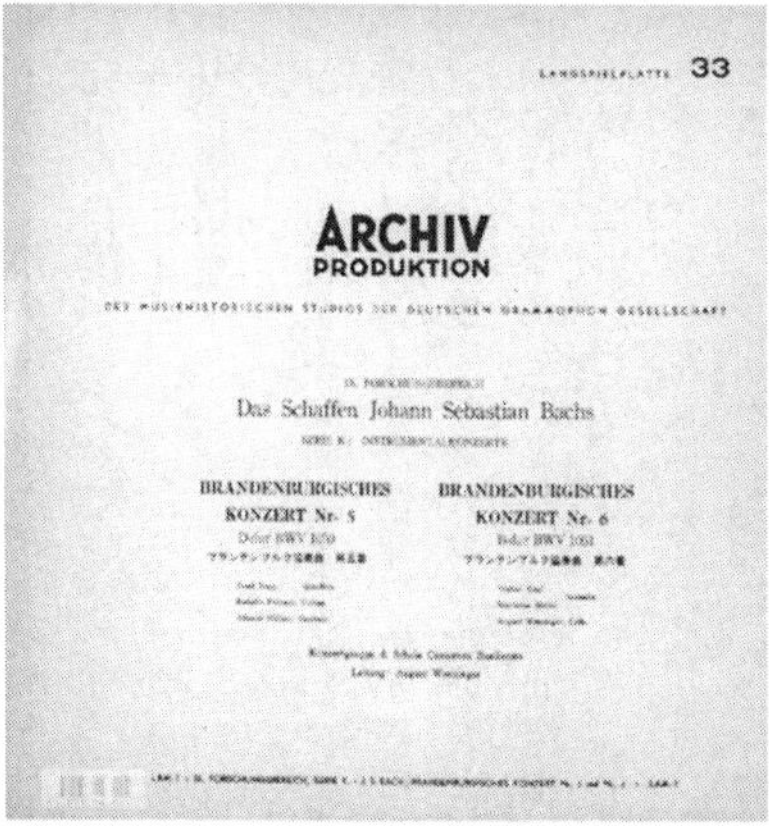

アルヒーフ・レーベルの最初のレコード　ヴェンツィンガー指揮，バーゼル・スコラ・カントールムによるバッハの《ブランデンブルク協奏曲》。

バロック音楽の普及のための重要な条件として忘れることのできないのは、戦後におけるLPレコードの発達である。バロック音楽の初期のレコード（アルヒーフの一連の録音やテレフンケンの「ダス・アルテ・ヴェルク」シリーズなど）は学究的な性格が強く、演奏水準も概してもうひと息だったが、それでも、未知のものとの出会いの感動を期待して、新譜を待ち受けるファンが少なくなかった。こうした掘り起こしの作業を、飛躍的に発展した音楽学研究が、背後から支えていた。

校訂楽譜の出版

バッハの新全集版楽譜を手にとったことのある方は、茶色の上品な装丁と校訂作業の精密さ、盛り込まれた情報の確かさに、強い印象を受けずにはいられないことだろう。バッハの新全集、ヘンデルの新全集など、こうした学問的な校訂楽譜の出版が、戦後積極的に推進された。また作品の研究や伝記的研究、楽器の研究や演奏実践法の研究なども長足の進歩をとげ、演奏者や聴き手に、日々新しい情報を提供している。出版楽譜の変遷を、バッハの《インヴェンション》第一番ハ長調BWV七七二を例にとって観察してみよう。

《インヴェンション》は、バッハの生前には出版されず、手書きの楽譜で流布していた。十九世紀に入るとその出版が次々に行われるが、その一つ、チェルニーによる版をみると、テンポの指示を初め、フォルテ、ピアノ、クレッシェンドなど、バッハの自筆楽譜にない、さまざまな指定が加えられている。これは、前述したバッハの作品のロマン化の一例であり、編者が変われば、その指定は大幅に変わるのがつねであった。

同じ十九世紀においても、旧全集は、原典に忠実な楽譜の作成に、当時なりに努力している。しかしそれも、バッハの原典（自筆楽譜）の忠実な再現とはいい切れない。なぜならば、バッハの自筆楽譜にのちに書き加えられたとみられる三連符が、そこではすべて排除されているからである。これらの三連符はふつう、思いつきの変奏とみなされて、演奏されない。（バッハはおそらく、主題を彼の数である十四にするために、この手入れを行ったのであろう。）しかし、バッハの最終稿が三連符形であることはまぎれもない事実なのであるから、新全集版では、普通の形のほかに三連符稿を楽譜に再現し、演奏者がどちらでも好きな方を選べるように、便宜を計っている。

新バッハ全集（20世紀後半）

新全集版では、こうした資料の状況に関する詳しい情報が、「校訂報告」として別冊になっている。別冊にするかどうかはともかく、他の作曲家の全集やシリーズ楽譜も、こうした校訂報告を含む、綿密な編集法をとるようになってきている。

自筆楽譜（1723年。40年代に加筆）

チェルニー版（19世紀）

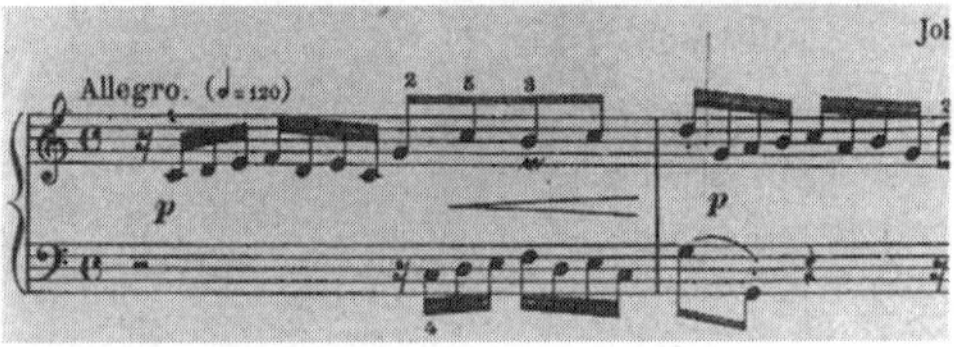

旧全集版（19世紀）

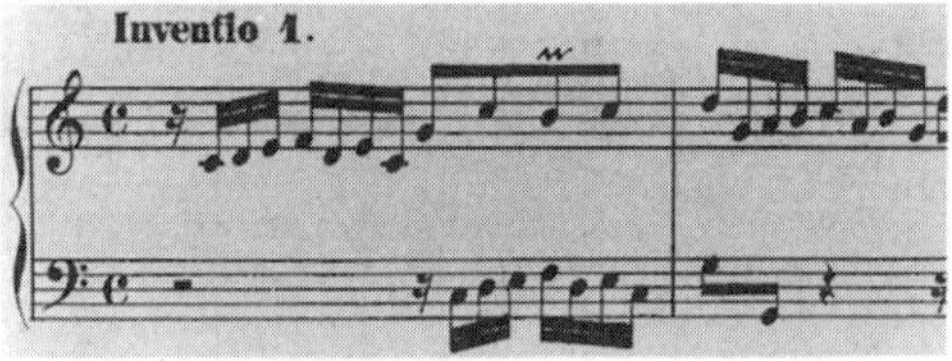

新全集版（20世紀）

《インヴェンション　ハ長調》の諸楽譜

戦後のバロック演奏の傾向

原典楽譜の出版にみてとれる傾向、すなわち、バロック音楽をなるべく本来の姿でつとめて客観的に再現しようという傾向は、演奏をも支配するようになった。たとえば、戦前にウィレム・メンゲルベルクの演奏によってバッハの《マタイ受難曲》を聴いていた人は、戦後カール・リヒターの正確で清潔な演奏に接して、曲が一新されたような思いにとらわれたに違いない。メンゲルベルク（オランダ）が分厚いオーケストラを用い、うねるような濃厚さで再現していた同じ作品が、リヒター（ドイツ、一九二六〜八一）の手にかかると小さな編成できびきびと運ばれ、鋭利な現代的生命力をはずませるのであった。このリヒターは、その厳しく白熱した演奏を通じて、現代のバッハ演奏史の頂点を築いた指揮者・オルガニストである。とくに教会音楽の演奏においては、今日なお、彼の演奏に比肩するものは見当たらない。

ところで、バロック音楽は、宮廷や教会の日々の暮らしとともにあった音楽である。したがってそこには、よい意味での日常性がつきまとっている。こうした音楽を演奏するのに、ロマン主義的な発想は、概して不向きである。なぜならば、ロマン主義は本来芸術の非日常性を尊び、作曲家を崇拝して作品を神聖化する傾向があるからである。こ

グレン・グールド

のためバロックの音楽美の開拓は、しばしば反ロマン主義的なアプローチによって行われた。バロック音楽の頂点に位置するバッハの名作にさえ、最近の演奏家は、日常的な素顔と遊びの性格を発見しようとする。この発見を深い意味で、すばらしい緊張感をもってなしとげたのが、カナダの天才的なピアニスト、グレン・グールド（一九三二〜八二）である。

バッハ晩年の大作に、《フーガの技法》ＢＷＶ一〇八〇という作品がある。これは、バッハの芸術の集大成として、古くから神聖な法典のように考えられてきた作品である。往年の大オルガニスト、ヘルムート・ヴァルヒャ（ドイツ、一九〇七〜九一）のレコードを聴くと、彼は種々のフーガの線的な秩序を厳しく、正しく再現し、気高く宗教的な音の建築を組み立てようとしていることがわかる。一方グールドは、声部の追いかけ合いであるフーガを構造としてよりもむしろ運動としてとらえ、それぞれの線のからみあいを、生き物のように再現する。グールドの演奏に聴かれる、話し言葉のように生き生きした音の区切り方（アーティキュレーション）は、バロック音楽のもっとも重要な表現手段のひとつとして、以後の演奏家たちに受け継がれたものである。グールドは実演を嫌い、レコード録音に心血を注いだ。いずれ劣らず感銘深いその遺産からは、初期と末期に録音された二種の《ゴルトベルク変奏曲》ＢＷＶ九八八を代表にあげておきたい。

古楽器の語ること

ベトナム戦争、学生紛争が激化し、オイル・ショックが世を騒がせた一九七〇年前後から、バロック音楽の演奏は「オリジナル主義」の時代に入ってゆく。機能本位の現代化された楽器を捨て、バロック時代の楽器あるいはそのコピーを用いて、作品を作曲当時のままの響きで再現しようとする試みが、盛んになってきたのである。これは、バロック音楽の演奏史におけるひとつの革命であった。

現在われわれが手にしている楽器は、大きなホールで近代・現代のどんな音楽でも演奏できるように、種々改良され、変化してきたものである。しかしその過程で楽器は、バロック時代にもっていた手作りの素朴さや人間的な息づかいから、いつとはなしに遠ざかっていった。そこで、いわゆる歴史チェンバロやバロック・ヴァイオリン、フラウト・トラヴェルソやナチュラル・トランペットに戻ってみようという試みが始まる。その結果、再現されるバロック音楽の響きは、がらりと変わった。初めその響きに耳慣れぬものを感じていた聴衆も、演奏水準が高まるにつれ、バロックの人々が音楽に託したものが、当時の楽器と深くかかわっていたことを、感じないわけにはいかなくなってきている。

たとえば、現代のフルートと十八世紀仕様の木製のフラウト・トラヴェルソでバッハのロ短調ソナタを演奏してみると、作品と楽器の関係がよくわかる。銀や金のフルートによる演奏では、すべての音が朗々と鳴り響き、強い輝きを発散する。これに対し、トラヴェルソでこの曲を聴くと、木質の温かくやわらかい響きが当時をしのばせるばかりか、ひとつひとつの音の鳴り方にひそむ微妙な違いが、バッハの音楽から、思いもよらぬ豊かな陰影を引き出すのである。楽器を変えることによって新たに見えてくるものは、バッハ以前の音楽では、さらに大きくなる。

当時の演奏法が研究され、楽器の特徴を生かす技術が修得されるとともに、古楽器のイメージも、大きく変わってきた。初期の実験段階では、古楽器とは地味でくすんだ響きのものだと思われており、それで再現されるバロック音楽は、「古きよき時代の音楽」以外のなにものでもなかった。しかし、正しく復元された楽器を本格的に使ってみると、バロック音楽は意外に華麗であり、鮮やかであり、活発で表現性に富んでいることがわかってきた。いわば、音の背後に隠された宮廷生活、装いの文化が、ようやくわれわれに見えてきたのである。こういう認識を導いたのは、チェンバロのグスタフ・レオンハルト（一九二八～二〇一二）、リコーダーのフランス・ブリュッヘン（一九三四～二〇一四）、クイケン三兄弟（ガンバ、ヴァイオリン、トラヴェルソ）といったオランダ、ベルギーの奏者たちや、ウィーンの指揮者、ニコラウス・アーノンクール（一九二九～二〇一六）の功績である。とくにアーノンクールは、バロック音楽のドラマ性の認識に、大きな役割を果たした。たとえば彼の指揮、ジャン＝ピエール・ポネルの演出でビデオ化されたモンテヴェルディの《オルフェーオ》は、バロックにおける音楽劇の本質を学ぶ上で、この上ない視聴覚文献となっている。

ドルメッチを生んだイギリスも、古楽演奏の一方の中心であり続けてきた。イギリスで著しいのは、声楽の充実である。カウンターテナーの名手、アルフレッド・デラー以来、男性による女声音域の歌唱がこの国のお家芸となっているが、女声歌手にも今日、「天使の声」といわれるエマ・カークビーのような傑出した存在がある。

ジャック・ルーシェ・トリオの「プレイ・バッハ」

第二次バロック・ブームとその今日的意義

戦後のバロック・ブームのさい、バロック音楽はさわやかな魅力をふりまいて、人々の心に灯をともした。喫茶店に流れるヴィヴァルディやテレマンの音楽は、復興と成長の時期に生きる人々にとって、一服のよき清涼剤であった。演奏もいまから見ると、アルカディアをなつかしむという風情の、どちらかと言えばムード的傾向のものが多かったように思う。しかし昨今のバロック音楽演奏は、もっと掘り下げられてめりはりの利いた、自己主張の強いものになってきている。上述のアーノンクール、ブリュッヘン、クイケン兄弟やトン・コープマン（オランダ、一九四四〜）、イギリスのクリストファー・ホグウッド（一九四一〜二〇一四）、ジョン・エリオット・ガーディナー（一九四三〜）、トレヴァー・ピノック（一九四六〜）と彼らのグループのいずれ劣らぬ生き生きした演奏によって、今バロック音楽は、第二次のブームとも呼ばれる人気を獲得しつつある。

バロック音楽の今日的意義は、それがクラシックの枠を乗り越えて聴かれ、利用されているところにも発見することができよう。バロック音楽のポピュラー化は六〇年代に盛んになったが、その口火を切ったのは、ジャック・ルーシェ・トリオによるジャズ風「プレイ・バッハ」シリーズであった。またスイングル・シンガーズは、バロック音楽の軽快なスキャットによって、一世を風靡している。《ラヴァーズ・コンチェルト》のようにポピュラー・ソングとしてヒットしたものもあれば、《ヴェニスの愛》や《恋するガリア》のように、映画音楽に取り入れられて親しまれたものもある。またバロック音楽は、シンセサイザーのような電子楽器で演奏しても、少しも違和感を感じさせない。ジャンルを超えるこのように強靭な生命力の理由として、ここでは、バロック音楽のおもとにある舞曲のリズムがスイングによって引き立てられる快感や、バロック音楽が一面でもつ装いと遊びの要素がポピュラー化によって開放されることのおもしろさを指摘しておこう。考えてみれば、バロック音楽は復活以来、ゆっくりと重く演奏され過ぎていたかも知れないのである。

現代の日本の社会でも、バロック音楽は広く聴かれ、楽しまれ、実践されている。内外の演奏家によるコンサートは数多いし、各地の音楽祭においても、バロック音楽は欠かせぬレパートリーになっている。コンクール、講習から放送、果てはＣＭやＢＧＭに到るまで、バロック音楽の需要は、広まるばかりである。

そのさい人々は、過去をふりかえり、なつかしむ気持ちではなく、生きる上での何か新しい発見を得ようとして、バロック音楽に向かっているものと思われる。昨今のバロック受容においては、ヴィヴァルディ、テレマンなど、純粋に十八世紀の精神を体現している音楽家だけでなく、モンテヴェルディ、シュッツ、パーセルといった十七世紀の音楽家にも広く目が向けられるようになり、バッハ、ヘンデル、クープラン、ラモーといった十七世紀の問題意識を受け継ぐ作曲家の人気も、いっそう高まっている。つまりわれわれは、以前にくらべはるかに、バロック音楽の核心をなす作曲家と作品に対する関心と共感を深めているのである。これはおそらく、復興期や高度成長時代を過ぎた社会に生きるわれわれに、バロック音楽の提起する問題をわかちあう部分が増えてきたためではないだろうか。物質的繁栄にも行き詰まりの見えた今、人は核兵器、テロ、環境汚染、人口問題などに生存をおびやかされ、未来へ向けての統一的な理想をもつことができぬまま生きている。こうした生存への恐怖と普遍的理想の消失は、そのまま、バロックの音楽家たちの置かれていた状況でもあった。そうした状況の中で書き綴られた音楽、すなわち豊かな感情を内包してドラマ性に満ち、生に魅惑的な装いを与える音楽に、新しい世代の演奏家たちは、表現意欲を心ゆくまで解放する場をみつけている。その意味でわれわれは、バロック音楽を、いま本当に「生きはじめた」ということができる。

時代	ルネサンス		初期バロック				
西暦	16 世紀末	1600	1610	1620	1630	1640	1650
主要音楽家	G. ガブリエーリ（伊）、モンテヴェルディ（伊）、フレスコバルディ（伊）、カリッシミ（伊）、リュリ（伊→仏）、スウェーリンク（蘭）						
その他の人物	ケプラー（独）、ルイ 14 世（仏）、エル・グレコ（西）、ニュートン（英）、ルーベンス（蘭）、ライプニッツ（独）、レンブラント（蘭）、デカルト（仏）、ロック（英）、シェイクスピア（英）						
音楽上の出来事	フィレンツェで悲劇復興の研究（伊） ヴェネツィア楽派の開花（伊）	最古のオペラ、オラトリオ上演（伊） モンテヴェルディ《オルフェーオ》（伊） フレスコバルディ、サン・ピエトロ大聖堂に就職（伊）	モンテヴェルディ《聖母マリアの夕べの祈り》（伊） シュッツがイタリアから帰国（独） 宮廷バレエ盛ん、リュート流行（仏）	シャイト『新譜表』、3Sの創作活動（独）	ヴェネツィアにオペラ・ハウス誕生（伊）	モンテヴェルディ《ポッペーアの戴冠》（伊） リューベックで「夕べの音楽」はじまる（独） カリッシミ《イェフタ》（伊）	
社会・文化	イギリス、スペインの無敵艦隊を撃破 ナントの勅令、内乱収拾（仏）	江戸幕府が成立（日） 阿国歌舞伎流行（日） 東インド会社を諸国が設立 シェイクスピアの四大悲劇（英） ガリレオ、地動説を確認（伊）	キリスト教禁止（日） 貴婦人のサロン生まれる（仏） 三十年戦争はじまる（独） ケプラー『宇宙の調和』（独）	リシュリュー、宰相に（仏） ユグノーの乱（仏）	ガリレオ、異端審問で有罪（伊） 島原の乱（日）	ピューリタン革命（英） 三十年戦争終わる（独） デカルト『情念論』（仏）	

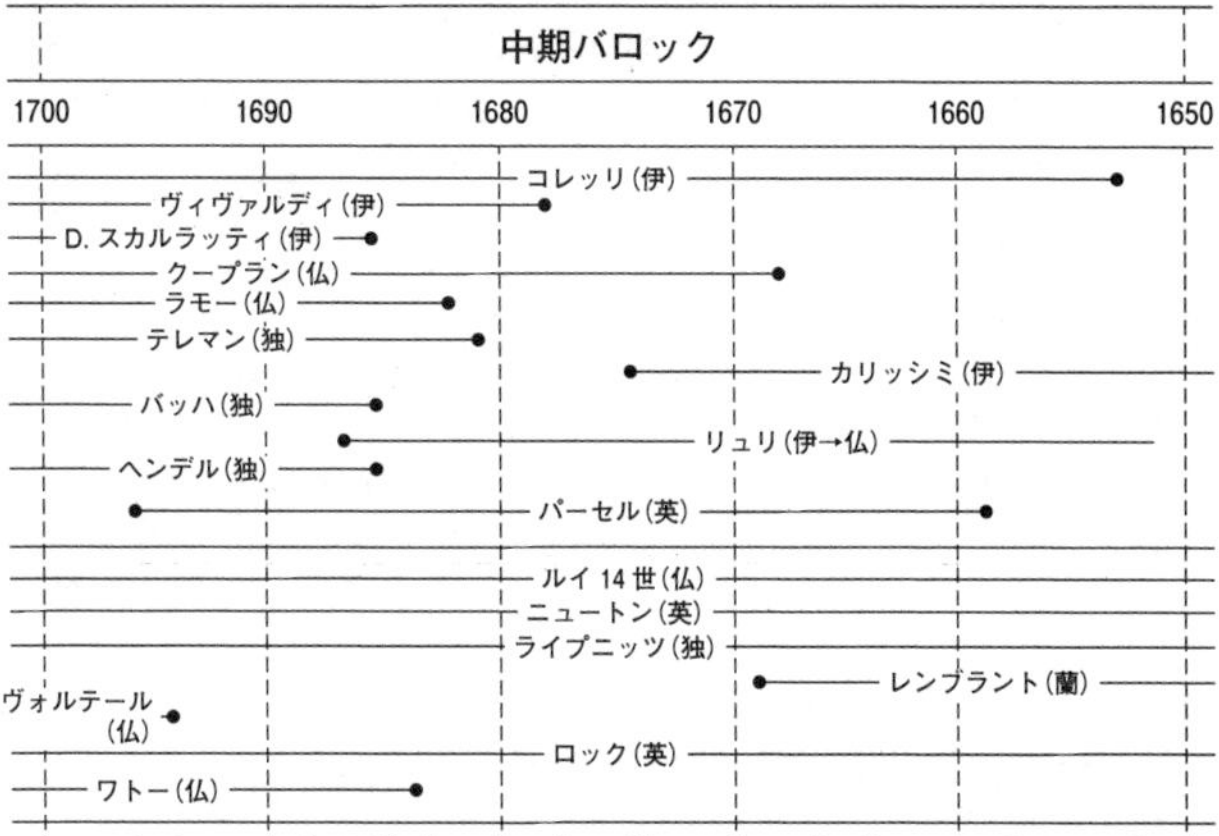

1650–1660	1660–1670	1670–1680	1680–1690	1690–1700
キルヒャー『音楽汎論』出版（伊） 「夜のバレエ」に太陽王登場（仏） フローベルガー、鍵盤用組曲の基礎を築く（独）	リュリ、音楽総監督就任（仏） シュッツ《クリスマス物語》（独）	コレッリ、トリオ・ソナタを確立（伊） リュリ、フランス・オペラを確立（仏） ハンブルクにオペラ劇場（独） イギリスにバロック様式開花	コレッリ、コンチェルト・グロッソを確立（伊） リュリ《アルミード》（仏） フランス音楽の影響、諸国へ パーセル《ディドとエネアス》（英）	クレモーナのヴァイオリン製作全盛（伊） オペラ・バレエの流行はじまる（仏）
イギリス、海上覇権を確立 イエズス会とジャンセニスト対立（仏）	王政復古（英） ルイ十四世、親政開始（仏） 古典主義文芸の開花（仏） ニュートンの科学研究進む（英）	パスカル『パンセ』（仏） ライプニッツ、微積分法を発見（独）	ルイ十四世、ヴェルサイユ宮殿に移住 トルコ軍、ウィーンを包囲 名誉革命（英） 芭蕉、「奥の細道」へ（日）	ロック『人間悟性論』

後期バロック

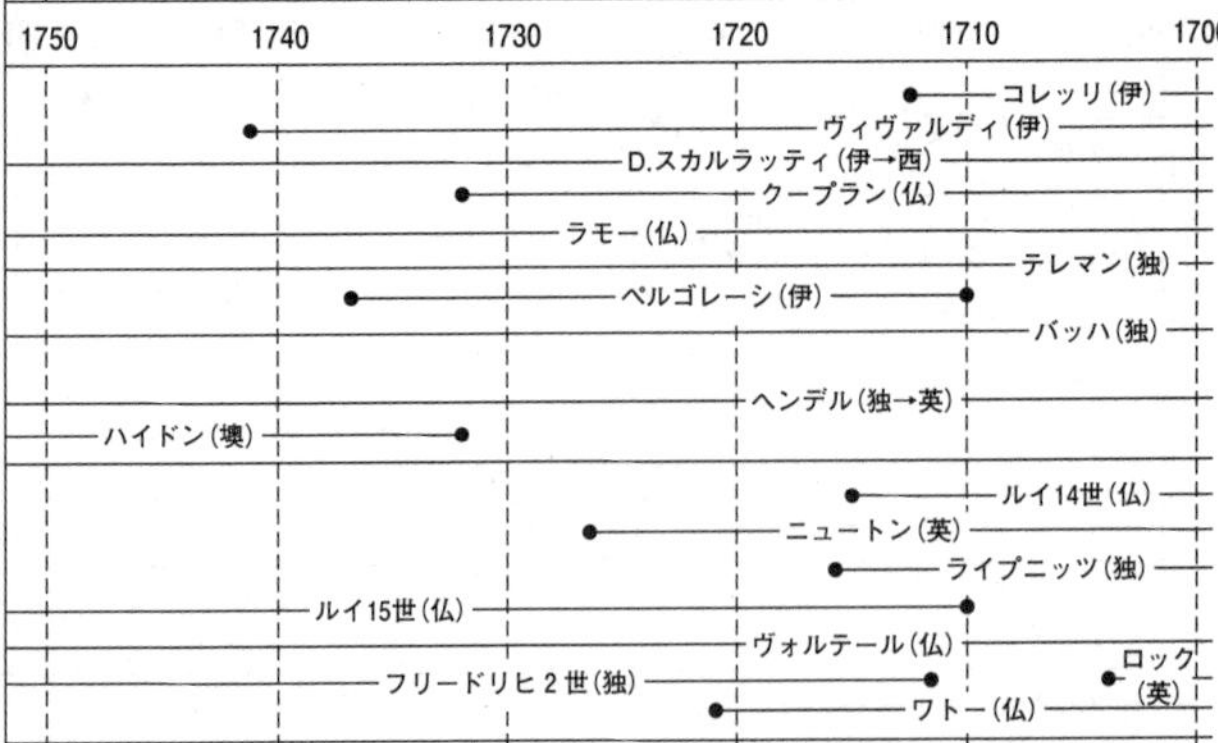

1700–1710	ヴイヴァルデイ、ソロ・コンチェルトを確立（伊） オペラの主導権、ナポリへ（伊） 仏・伊音楽の優劣論争起る（仏） ヘンデル、イタリアに留学	スペイン継承戦争 プロイセン王国成立（独） 英仏、北米植民地で戦う 近松門左衛門『曽根崎心中』（日）
1710–1720	ヘンデル、ロンドンに登場（英） ヴィヴァルディのコンチェルト北方へ伝播 クープラン、クラヴサン曲を次々と出版（仏）	ライプニッツの『モナド論』（独） ルイ十五世即位、ロココ文化開花（仏） デフォー『ロビンソン・クルーソー』（英）
1720–1730	ラモー『和声論』（仏） ヴィヴァルディ《四季》（伊） コンセール・スピリチュエル創設（仏） バッハ《マタイ受難曲》（独） D・スカルラッティ、スペインへ	スフィフト『ガリヴァー旅行記』（英）
1730–1740	ヘンデル、オペラからオラトリオへ（英） ラモー、オペラに進出（仏） テレマン《ターフェルムジーク》（独） ペルゴレーシ《奥様になった小間使い》（伊）	ポーランド継承戦争（独） ヴォルテール『哲学書簡』（仏）
1740–1750	C・P・E・バッハ、ベルリン入り（独） ヘンデル《メサイア》（英） シュターミッツ、マンハイムの宮廷楽長に（独） バッハ《ミサ曲ロ短調》（独）	フリードリヒ二世即位（独） オーストリア継承戦争 『仮名手本忠臣蔵』（日） モンテスキュー『法の精神』（仏） 百科全書刊行迫る（仏）

参考文献

時代論・文化論・芸術論

E・ドールス『バロック論』成瀬駒男訳　筑摩書房、神吉敬三訳、美術出版社

J・ウィルズ『バロックの世界史像』別宮貞徳訳　原書房

S・サルドゥイ『歪んだ真珠』旦敬介訳　筑摩書房

P・ラーンスタイン『バロックの生活』波田節夫訳　法政大学出版局

プラーツ『バロックのイメージ世界――綺想主義研究』上村忠男他訳　みすず書房

『バロック美術』（大系世界の美術16）学習研究社

J・ゴッドウィン『キルヒャーの世界図鑑』川島昭夫訳　工作舎

佐々木健一『フランスを中心とする十八世紀美学史の研究』岩波書店

P・ボーサン『ヴェルサイユの詩学――バロックとは何か』藤井康生訳　平凡社

E・ヴァイグル『啓蒙の都市周遊』三島憲一・宮田敦子訳　岩波書店

P・バーク『ルイ14世』石井三記訳　名古屋大学出版会

H＝J・シュルツェ『コーヒーハウス物語』加藤博子訳　洋泉社

音楽史・音楽論

皆川達夫『バロック音楽』講談社学術文庫

服部幸三『西洋音楽史　バロック』音楽之友社
今谷和徳『バロックの社会と音楽』音楽之友社
D・J・グラウト、C・V・パリスカ『新西洋音楽史』（中）戸口幸策・津上英輔・寺西基之訳　音楽之友社
『西洋の音楽と社会』③初期バロック　④⑤後期バロック　音楽之友社
F・ブルーメ『ルネサンスとバロックの音楽』和田旦・佐藤巌訳　白水社
礒山雅『バロック音楽名曲鑑賞事典』講談社学術文庫
戸口幸策『オペラの誕生』東京書籍
佐藤望『ドイツ・バロック器楽論』慶應義塾大学出版会

主要作曲家論

W・コーノルト『モンテヴェルディ』津上智実訳　音楽之友社
J・A・ウェストラップ『パーセル』松本ミサヲ訳　音楽之友社
松前紀男『クープラン——その家系と芸術』音楽之友社
M・パンシェルル『ヴィヴァルディ——生涯と作品』早川正昭・桂誠訳　音楽之友社
小林義武『バッハとの対話』小学館
C・ヴォルフ『ヨハン・ゼバスティアンバッハ——学識ある音楽家』秋元里予訳　春秋社
礒山雅『バッハ——魂のエヴァンゲリスト』東京書籍
『J・S・バッハ』講談社現代新書

『マタイ受難曲』東京書籍
三澤寿喜『ヘンデル』音楽之友社

演奏論・楽器論・エッセイ

N・アーノンクール『古楽とは何か』樋口隆一、許光俊訳　音楽之友社
渡邊順生『チェンバロ、フォルテピアノ』東京書籍
鈴木秀美『ガット・カフェ』東京書籍
前田りり子『フルートの肖像』東京書籍

ビーバー：**ロザリオのソナタ集**　ホロウェイ（ヴァイオリン）他（ヴァージン）

アルビノーニ：**オーボエ協奏曲集**　ホリガー（オーボエ）（ユニバーサルミュージック）

スカルラッティ：**ソナタ選集**　ロス（チェンバロ）（ワーナーミュージック・ジャパン）

XII　現代に息づくバロック

バッハ：**《ゴルトベルク変奏曲》**　ランドフスカ（チェンバロ）（BMG ジャパン）

シュヴァイツァーの芸術　シュヴァイツァー（オルガン）（EMI ミュージック・ジャパン）

バッハ：**《平均律クラヴィーア曲集》第1巻、第2巻**　E. フィッシャー（ピアノ）（EMI ミュージック・ジャパン）

バッハ：**無伴奏チェロ組曲**　カザルス（チェロ）（EMI ミュージック・ジャパン）

ヴィヴァルディ：**ヴァイオリン協奏曲集《四季》**　アーヨ（ヴァイオリン）、イ・ムジチ合奏団（マーキュリー）

バッハ：**《マタイ受難曲》**　メンゲルベルク指揮／アムステルダム・コンセルトヘボウ管弦楽団（ユニバーサルミュージック）

バッハ：**オルガン名曲集**　ヴァルヒャ（オルガン）（ユニバーサルミュージック）

バッハ：**フーガの技法**　グールド（ピアノ）（ソニー）

バッハ：**フルート・ソナタ集**　ランパル（フルート）（ワーナーミュージック・ジャパン）

バッハ：**フルート・ソナタ集**　B. クイケン（トラヴェルソ）（BMG ビクター）

スウィンギング・バッハ　ルーシェ・トリオ他 DVD（TDK コア）

バッハ：**《マタイ受難曲》** リヒター指揮　ミュンヘン・バッハ管弦楽団　DVD（ユニバーサルミュージック）

Ⅹ　数を数える魂

モンテヴェルディ：**《アリアンナの嘆き》** ヤーコプス指揮／コンチェルト・ヴォカーレ（キング・インターナショナル）

パッヘルベル作品集（《カノン》他）ピノック指揮／イングリッシュ・コンサート（ユニバーサルミュージック）

バッハ：**《音楽の捧げもの》** クイケン・アンサンブル　DVD（TDK コア）

バッハ：**ミサ曲ロ短調**　リヒター指揮　ミュンヘン・バッハ管弦楽団　DVD（ユニバーサルミュージック）

バッハ：**《平均律クラヴィーア曲集》**第1巻、第2巻　アファナシエフ（ピアノ）（コロムビア）

マレ：**ヴィオール曲集第5巻**　クイケン（ヴィオラ・ダ・ガンバ）他（キング・インターナショナル）

Ⅺ　コーヒーを飲みながら、音楽を

テレマン：**ターフェル・ムジーク**　ムジカ・アンフィオン（ブリリアント、輸入盤）

ペルゴレージ：**歌劇《奥様になった小間使い》** クイケン指揮／ラ・プティト・バンド　DVD（パイオニア）

ペルゴレージ：**《スターバト・マーテル》** ブラウン指揮／ケンブリッジ・アンサンブル　DVD（ブリリアント、輸入盤）

バッハ：**《コーヒー・カンタータ》** コープマン指揮　DVD（Ⅸ参照）

バッハ親子の作品集　レオンハルト（クラヴィコード）（ユニバーサルミュージック）

ラモー：**クラヴサン名曲集**　ルセ（チェンバロ）（ユニバーサルミュージック）

Ⅷ　音楽を消費する先進国

シェイクスピア劇の音楽　デラー・コンソート（キング・インターナショナル）

パーセル　**宗教音楽**（Sacred Music）ブラウン指揮／ケンブリッジ・クレア・カレッジ合唱団　DVD（ブリリアント、輸入盤）

ヘンデル：**歌劇《ジュリアス・シーザー》**　クリスティ指揮／レザール・フロリサン　DVD（オプス・アルテ）

ヘンデル：**オラトリオ《メサイア》**　マクリーシュ指揮／ガブリエリ・コンソート（ユニバーサルミュージック）

ヘンデル：**合奏協奏曲**作品6　マンゼ指揮／エンシェント室内管弦楽団（キング・インターナショナル）

ヘンデル：**水上の音楽**　マンゼ指揮／イングリッシュ・コンサート　DVD（オプス・アルテ）

Ⅸ　神と人間に注ぐ愛

バッハ：**J. S. バッハのオルガン演奏会**　ベーメ（オルガン）DVD（シェネオンエンタテインメント）

バッハ：**トリオ・ソナタ**（3曲）他　ギエルミ（オルガン）（独ハルモニア・ムンディ）

バッハ：**無伴奏ヴァイオリンのためのソナタとパルティータ**　クイケン（バロック・ヴァイオリン）（独ハルモニア・ムンディ）

バッハ：**無伴奏チェロのための組曲**（全6曲）鈴木秀美（バロック・チェロ）（独ハルモニア・ムンディ）

バッハ：**《ブランデンブルク協奏曲》**全6曲　フライブルク・バロック・オーケストラ　DVD（TDK）

バッハ：**《ゴルトベルク変奏曲》**　グールド（ピアノ）DVD（ソニー）

バッハ：**カンタータ集**（全6曲）コープマン指揮／アムステルダム・バロック管弦楽団　DVD（ワーナーミュージック・ジャパン）

ヴィヴァルディ：**ヴァイオリン協奏曲集《四季》** カルミニョーラ（ヴァイオリン）、ヴェニス・バロック・オーケストラ（ソニーレコード）

Ⅵ 大御代を輝かす楽の音

ゲドロン：**コンソートのコンセール** ル・ポエム・アルモニーク（アルファ）

シャルパンティエ：**テネブレの朗読 コンチェルト・ヴォカーレ**（キング・インターナショナル）

シャルパンティエ：**真夜中のミサ曲** クリスティ指揮／レザール・フロリサン（ワーナーミュージック・ジャパン）

カンプラ：**レクイエム** ヘレヴェッヘ指揮／シャペル・ロワイヤル（キング・インターナショナル）

クープラン：**クラヴサン曲集第3巻** ボーモン（チェンバロ）（ワーナーミュージック・ジャパン）

Ⅶ 趣味さまざま

クープラン：**《リュリ讃》** エスペリオン XX（アリア・ヴォクス、輸入盤）

ラモー：オペラ・バレエ**《優雅なインドの国々》** クリスティ指揮／レザール・フロリサン DVD（オプス・アルテ）

バッハ：**イタリア協奏曲、フランス風序曲** レオンハルト（チェンバロ）（独ハルモニア・ムンディ、輸入盤）

バッハ：**《イギリス組曲》**全6曲 シフ（ピアノ） DVD（フンガロトン、輸入盤）

バッハ：**《フランス組曲》**全6曲 レオンハルト（チェンバロ）（ソニー・クラシカル、輸入盤）

バッハ：**《パルティータ》**全6曲 レオンハルト（チェンバロ）（ヴァージン・クラシックス、輸入盤）

カントゥス・ケルン（BMGインターナショナル）

聖トーマス教会合唱団～クリスマス音楽、音楽活動 DVD（パイオニア）

Ⅳ　廃墟に流れる歌

ワーグナー：**楽劇《ニュルンベルクのマイスタージンガー》** レヴァイン指揮／メトロポリタン歌劇場 DVD（ユニバーサルミュージック）

グリニー：**オルガン曲集** イゾワール（オルガン）、アンサンブル・ボーカル・サジッタリウス（ワーナーミュージック・ジャパン）

スウェーリンク：**オルガン名曲集** レオンハルト（オルガン）（BMGビクター）

ブクステフーデ：**オルガン曲集** 鈴木雅明（オルガン）（ロマネスカ）

シュッツ：**十字架上の七つの言葉、ルカ受難曲** ユルゲンス指揮／レオンハルト合奏団（ワーナーミュージック・ジャパン）

Ⅴ　歌うヴァイオリン

ガブリエリ：**ソナタとカンツォーナ集** コンチェルト・パラティーノ（仏ハルモニア・ムンディ）

フレスコバルディ：**チェンバロ作品集** レオンハルト（チェンバロ）（ユニバーサルミュージック）

ヘンデル　**聖セシリアの日のための頌歌** ピノック指揮／イングリッシュ・コンサート（グラモフォン、輸入盤）

コレッリ：**トリオ・ソナタ集** ロンドン・バロック（キング・インターナショナル）

コレッリ：**クリスマス協奏曲** バンキーニ&アンサンブル415（仏ハルモニア・ムンディ、輸入盤）

ヴィヴァルディ：**協奏曲集《調和の霊感》op. 3** ビオンディ&エウロパ・ガランテ（ヴァージン）

参考　CD・DVD（2007.10現在）

I　装いに真実を求めて

モンテヴェルディ：**《聖母マリアの夕べの祈り》** ガーディナー指揮／モンテヴェルディ合唱団　DVD（グラモフォン、輸入盤）

モンテヴェルディ：**マドリガーレ集**（Banquet of the Senses）DVD（ブリリアント、輸入盤）

コレッリ：**ヴァイオリンと通奏低音のためのソナタ集作品5**より　寺神戸亮、ヘンストラ他（コロムビア）

パーセル：**歌劇《ディドとエネアス》** ピノック指揮／イングリッシュ・コンサート（ユニバーサルミュージック）

II　音楽による祝祭

モンテヴェルディ：**歌劇《オルフェーオ》** アーノンクール指揮／チューリヒ歌劇場　DVD（ユニバーサルミュージック）

モンテヴェルデ：**歌劇《ポッペアの戴冠》** アーノンクール指揮／チューリヒ歌劇場　DVD（ユニバーサルミュージック）

リュリ：**歌劇《アティス》** クリスティ指揮／レザール・フロリサン（キング・インターナショナル）

リュリ：**歌劇《ペルセ》** ニケ指揮／ターフェルムジーク・バロック管弦楽団　DVD（ユーロアーツ、輸入盤）

III　この世における聖の開花

タリス・スコラーズ、パレストリーナを歌う（ギメル、輸入盤）

モンテヴェルディ：**《倫理的・宗教的森》**より　ウィルソン指揮／ムジカ・フィアタ・ケルン（ソニーレコード）

カヴァリエーリ：**魂と肉体の劇**　プルハル指揮／ラルペッジャータ（マーキュリー）

カリッシミ：オラトリオ**《イェフタ》**他　ユングヘーネル指揮／

文庫版解説　バロック音楽の〈光と影〉

寺西　肇

ルネサンスが〈光〉の時代だったとすれば、バロックは〈光と影〉の時代であった。遠景まで具に描き込まれたボッティチェリの絵画とは異なり、ルーベンスのそれでは、光があるからこそ、背景は深い闇に紛れて曖昧になる。手前にある人や物の立体感は逆に高められ、そこにある襞や質感がリアルに伝わってくる。彫りの深い装飾を纏った建築は、〈光と影〉のインパクトにより、圧倒的な存在感をもって、観る者に迫って来る。そして、当然ながらバロック音楽も、また〈光と影〉のコントラストを基盤として、成り立っている。

一般の人々のバロック音楽への関心が高まりつつあった一九八〇年代末に発表され、その特色や魅力を立体的に、シンプルかつ平易な言葉で読み解いた『バロック音楽　豊かなる生のドラマ』でも、礒山雅氏は様々な〈光と影〉へ触れていた。バロック音楽の起源における「古様式」と「新様式」、宗教的な観点からの「聖」と「俗」、様式面における「イタリア」と「フランス」、表現の道具としての「管楽器」と「弦楽器」……。殊更に強調されることはないものの、〈光と影〉のテーマは、まるで「通奏低音（バッソ・コンティヌオ basso continuo）」のごとく、常に鳴り渡っている。

バロック音楽を特徴づける、その「通奏低音」の存在そのものは、いわば〈影〉だ。通奏低音とは、簡単に言えば「特別な演奏の決まりを持った低音声部」のこと。チェンバロやオルガンなどの鍵盤楽器やリュートなど和音を奏せる楽器が、単旋律で書かれた低音パートを弾くと同時に、数字で示された和音を手がかりに、即興的に上声の隙間を埋めてゆく。つまり、鍵盤楽器の場合、左手でバス旋律を弾きつつ、和音を踏まえて右手のパートを創作する。上声に目配りしながら、多彩な旋律やリズムの要素を巧みに織り込み、しかも、ワンパターンに陥らぬには、卓越した音楽性とセンスが要求される。

さらに、通奏低音奏者が上声への参加の度合いを増やした場合には、チェロやファゴットなどの低音楽器を追加し、バス旋律を補強することも多く行われた。これにより、〈光〉である高音声部と〈影〉である低音声部のコントラストは、いっそう深まることに。この〝せめぎ合い〟こそが、音楽的な意味合いでの「いびつな真珠」を生み出す。これこそ、「バロック」たる所以だろう。そして、通奏低音は、室内楽から管弦楽作品、宗教声楽曲、オペラに至るまで、すべてのジャンルの音楽を〝支配〟。バロック期が後に「通奏低音の時代」と称されることにも、繋がっている。

また、この通奏低音と高音部の関係に代表される、バロック時代の新たな動きが目指したことこそ、「アフェット affetto」と呼ばれる情念の表出だ。とは言っても、これは、あくまで喜怒哀楽などの個人的な感情の発露ではなく、特定の音型やリズムなどに込められた、言ってみれば当時の人々にとって〝お約束〟の共通認識を踏まえて、歓びや悲しみといった状態にある〝魂〟を効果的に表現することを指す。このために、特に劇的なコントラストを際立たせる、さまざまな音楽手法が用いられた。

その代表格が、音楽創りにおいて、〈光と影〉のごとく対比的な響きを競わせる「スティーレ・コンチェルタート stile concertato（協奏的な様式）」という考え方。〈光〉であるソロ楽器群（コンチェルタンテ）と〈影〉である全奏（リピエーノ）を対置したコンチェルト・グロッソ（合奏協奏曲）、さらには後期バロックで隆盛を迎えるソロ・コンチェルト（独奏協奏曲）といったジャンルの誕生も、まさに「スティーレ・コンチェルタート」の考え方に基づくものだった。

この他にも、バロック音楽においては、あらゆる場面で〈光と影〉のコントラストが重視された。例えば、複数の旋律を独立させて組み合わせてゆく対位法。あるいは、楽章構成におけるテンポの緩急や、2拍子系と3拍子系の組み合わせ。そして、オペラや宗教声楽作品における、自由なリズムに基づくレチタティーヴォ（朗唱）と、拍節に基づくアリアの関係、器楽作品におけるトッカータとフーガといった取り合わせも、これに相当する。また、演奏においては、同じフレーズを繰り返す場合、例えば最初は大きく、二度目は小さく奏するエコー（こだま）の効果も、重要な手法だった。

もっとも、バロック時代も後期に入ると、過剰な〈光〉が蔓延することによって、〈影〉の影響力が低下し、その価値観が変化する兆しが現れ始める。フランスに端を発して全ヨーロッパへと波及、広く知識や教養を共有することに寄与した、百科全書派に代表される啓蒙運動。しかし半面、全てを詳らかにしようとする〈光〉ばかりを偏重する姿勢が、〈影〉である曖昧さにも美点を見出していた、バロック芸術の思想の根幹を揺るがし始めたのだ。一部の知識人は、こうした風潮に警鐘を鳴らす。フランスの哲学者で政治学者にして、作曲家でもあったジャン＝ジャック・ルソーも、その一人であった。

かつては蜜月関係にあった百科全書派と袂を分かち、音楽においては、旋律よりも和声法を優先する傾向に走る同時代のオペラ作品に頽廃と危機感を表明し、いわゆる「ブフォン論争」で急先鋒となったルソー。ヴェネツィアのサンマルコ大聖堂を訪れた彼は、黒い紗が掛けられた鉄格子の向こうの暗い回廊で、白いガウンを纏った四人の少女たちが、芝居や歌を披露するのを観て大感激。彼の自伝『告白』（一七七〇年）の中で「この愉悦に満ちたコンサートの全てが、確かさが規範ではないとの気持ちの創出に繋がっただけでなく、ここを起点に、揺るぎなき魂などない、との持論に至ったのだ」と記述している。

「……もしそれらの器物を取り囲む空白を真っ黒な闇で塗り潰し、太陽や電燈の光線に代えるに一点の燈明か蠟燭のあかりにして見給え、忽ちそのケバケバしいものが底深く沈んで、渋い、重々しいものになるであろう。古えの工藝家がそれらの器に漆を塗り、蒔絵を画く時は、必ずそう云う暗い部屋を頭に置き、乏しい光りの中における効果を狙ったのに違いなく、金色を贅沢に使ったりしたのも、それが闇に浮かび上がる工合や、燈火を反射する加減を考慮したものと察せられる……」

これは、明治維新以降に西欧から流入した〝明るすぎる光〟によって、まさに駆逐されんとしていた日本古来の〝曖昧さを愛でる美意識〟を憂えた、谷崎潤一郎の『陰翳礼讃』（一九三三、三四年）の一節。スペイン国立ダンスカンパニーなどで舞踊家として活躍の一方、バロックヴァイオリン奏者やヴィヴァルディ研究に長けた音楽学者としても活躍するオリヴィエ・フーレや、一七世紀のヴィオール奏者、サント＝コロンブとマラン・マレ師弟の愛憎を描いた『めぐり逢う朝』（一九九一年）で知られる映画監督のアラン・コルノーら、谷崎のこの随筆からバロック芸術の理想と真髄を読み取る向きは、決して少なくない。

一九五九年に発売された、フェリックス・アーヨの独奏、イ・ムジチ合奏団によるヴィヴァルディ《四季》のレコードは、全世界で累計九五〇万枚を売り上げ、クラシックでは異例のヒット作となった。我が国でも例外ではなく、今となっては信じていただけないかもしれないが、昭和四〇年代半ばを思い返してみれば、レコードショップの最も目立つ場所に《四季》の特設コーナーがあり、テレビをつけても、商店街を歩いても、喫茶店に入っても、常に《四季》が聞こえて来る、と言っても過言でないほどの熱狂ぶりであった。

わが国で特に盛り上がりを見せた要因のひとつには、季節の移ろいにとりわけ敏感な日本人の感性に巧くマッチした、ということがあろう。さらに、アーヨとイ・ムジチ合奏団が紡ぐ、明るく屈託のない音色が、いかにも我々が想像する、陽光あふれるイタリアのイメージにぴったりだったことも、大きかったのかもしれない。そして、少なくとも、この〝四季ブーム〟以降、一般の人々が「バロック音楽」を身近に感じられるようになったのは、間違いない。しかし、このブームは、〈光〉の部分だけがクローズアップされたもので、バロック音楽の真の理解には繋がらなかった、と分析できよう。

〝バロックの一般化〟から一歩を踏み出し、その真の魅力にさらに近づく契機となったのが、一九七〇年代から本格化した「古楽（Early Music）」ムーヴメントの興隆であった。バロックに限らず、ルネサンスや古典派、さらに近年にはロマン派や近代も含めて、過去の作品を「作曲された当時の楽器や、その複製を用い、資料などを基礎として、歴史的に正しいと考えられる様式で演奏する」という古楽のコンセプトは、単なる〝方法〟ではなく、あくまで〝思想〟であった。そして、やがては演奏行為に対峙するアーティストの姿勢にまで、大きな影響を及ぼすこととなった。

また、昔から全く変わらないと一般には思い込まれていた、〝クラシック音楽〟に用いられる楽器も、実は長年の進化を遂げた結果であることも、広く知られるようになった。昔のスタイルの楽器（ピリオド楽器、オリジナル楽器、古楽器）は、音量やテンションに劣り、演奏自体も難しい半面、響きと陰影の深さに優る。このような楽器での演奏は、全く違った作品像を浮き彫りにする。すなわち、生前の礒山雅氏が語ってくれた言葉を借りれば、「現代の楽器では、過度に単純に聴こえていた古い音楽にも、実は多くの襞があり、立体感や陰影があることが分かった」ことで、「これまで古い音楽が軽視されてきたのは楽器や演奏のせいであって、音楽は各々の時代なりに多くのことを伝えていると示して見せた」のだった。

古楽ムーヴメントが浸透してゆく中、特にバロック音楽の演奏で強調されたのが、その〈影〉の部分であり、〈光〉とのコントラストであった。特に特徴的なこととして、〝強拍〟と〝弱拍〟を強く意識する「拍節感覚」がある。近代のバロック演奏では、特に〈影〉である〝弱拍〟の重要性は、非常に薄まっていた。バロック時代には当たり前だった、いわば〝縦方向〟の感覚は、例えば、弦楽器の弓（バロックボウ）の下げ弓と上げ弓の不均質さなどでも、ごく自然に醸成されていた。ところが、ロマン派へと時代が進むうち、メロディラインやフレージングを重視する〝横方向〟へと音楽の好みが変化。弦楽器の弓も、弱拍までも力強く発音できる、均質性を追究したものとなった。

ピリオド楽器による演奏は、このような失われた感覚を取り戻すきっかけになった。拍節感覚を踏まえての鮮烈なバロック演奏は、聴く者に新鮮な驚きをもたらした。しかし、古楽ムーヴメント興隆の初期には、拍節を強調し過ぎる余り、しばしば音楽の流れに停滞感を与えてしまう場面もみられた。このため、近年は器楽奏者にあっても声楽の唱法（言葉の扱い）を参照して、〝縦方向〟を踏まえつつ、〝横方向〟とのバランスを取るのが主流となっている。これらもまた、〈光と影〉の関係にあって、極めてバロック的である一方、奏者や聴き手が現代を生きる限り、スタイルの変遷もまた、ごく自然なことと言えよう。

そして、現代の楽器と違って大音量を持たないバロックの楽器は、現代の聴き手が忘れていた、〝耳を澄ます〟ことも要求する。例えば、バッハも愛用した鍵盤楽器のクラヴィコードが、タンジェント（鍵盤の奥に付けられた三角形の金具）で真鍮線を叩くことで生み出す、繊細な音色と陰影は、息を潜め、耳をそばだてるようにしなければ、聴き取ることが出来ない。まるで、スフマート（ぼかし画法）やキアロスクーロ（明暗法）、トロンプルイユ（錯視画法）が駆使されていて、鑑賞する側が瞳の奥深くを見開き、忍耐と感情に訴えかけねば全体像が摑めない、バロック期ヴェネツィアの風景画のように。

さらに、古楽ムーヴメントによって、バロック芸術の魅力の醸成には、単に端正な美しさを追究するだけでなく、雑味と言えるような要素も、重要な役割を果たすことが分かってきた。音楽においては、ただ奇麗な音で流麗に奏でるのみならず、例えば、弓が弦を擦る音やナチュラルホルンのゲシュトップト（自然倍音以外の音程を出すため、ベルの中に手を入れて、息の出る具合を調整する奏法。通常よりくぐもった音色となる）、木管楽器のキーがカチャカチャ鳴る音など、普通ならば〝雑音〟と捉えられる要素を、積極的に音楽へ採り入れ、滋味へと昇華させてゆく。これもまた、〈光〉を際立たせる、〈影〉の重要な働きと言えよう。

礒山雅氏も「現代に息づくバロック」の項で触れていた、ムーヴメントの立役者ニコラウス・アーノンクール（一九二九〜二〇一六）を皮切りに、古楽出身の指揮者が、いわゆる〝モダン楽器〟による普通のオーケストラへ客演することも当たり前になった。さらに、〝第二次ブーム〟と言い切るにはささやかながら、イタリアのピリオド楽器アンサンブル「イル・ジャルディーノ・アルモニコ」による〝ロック感覚〟の強烈な《四季》のディスク（一九九三年）がヒットを記録するなど、いつしかバロック演奏の主流は古楽の側へ。バロックから古典派の作品の演奏の現場では、たとえモダン楽器を使っても、古楽のセオリーを踏まえるＨＩＰ（Historically Informed Performance または Practice）も、今や当然のものとして定着している。

しかし、本格的な興隆から半世紀以上を経て、古楽が〈光〉の立場となったことに起因する弊害も、少なからずある。例えばＨＩＰを踏まえたものを含めて、あくまで〝古楽的〟なバロック演奏しか、なかなか認められない風潮に。それどころか、〝古楽的〟

ではないバロック演奏を全否定するような傾向すら出てきている。古楽界では、瑞々しい才能が続々と登場する一方、ただ〝古楽的〟なフォーマットに当てはめるだけで、何の創意や工夫を凝らさないアーティストやアンサンブルに出くわす場面も多くなってきた。かたや、かつてバッハを弾いたグレン・グールドのように、強烈な個性を湛えたモダン・ピアノのバロックの名手は、なかなか現れてこない。

「いったん歴史が途絶えた楽器だからこそ、より自由になれる」とは、現代のヴィオラ・ダ・ガンバ（ヴィオール）の鬼才、ファミ・アルカイの言葉だ。一八世紀に表舞台から姿を消し、一世紀以上も忘れられていたガンバだからこそ、彼はまるでタイムマシンのように乗りこなすことが可能となり、フラメンコとのコラボレートや、現代性あふれるスタイリッシュなインプロヴィゼーションなど、自在に時空を超えて旅してゆく。ならば、バロックの楽器や歴史、セオリーからも完全に切り離された、魅力的なバロック演奏がもっと現れてもいいのではないだろうか。そして、このような〈影〉の発想こそが、〝生〟を思う時に常に〝死〟を意識し、〝美しさ〟を極めるために〝雑味〟を求めた、〈光と影〉のバロック音楽の本質へ近づき、理解する、何よりの近道となろう。

（てらにし・はじめ　音楽ジャーナリスト）

ワ

マ

ラ

タ

ハ

サ

人名索引

本書は、一九八九年三月二〇日、ＮＨＫブックスより刊行されたものである。

グローバル・シティ
サスキア・サッセン
伊豫谷登士翁監訳
大井由紀／髙橋華生子訳

世界の経済活動は分散したのではない、特権的な大都市に集中したのだ。国民国家の枠組みを超えて発生する世界の新秩序と格差拡大を暴く衝撃の必読書。

東京の空間人類学
陣内秀信

東京、このふしぎな都市空間を深層から探り、明快に解読した定番本。基層の地形、江戸の記憶、近代の都市造形が、ここに甦る。図版多数。（川本三郎）

大名庭園
白幡洋三郎

小石川後楽園、浜離宮等の名園では、多種多様な社交が繰り広げられていた。競って造られた庭園の姿に迫りヨーロッパの宮殿とも比較。（尼崎博正）

東京の地霊《ゲニウス・ロキ》
鈴木博之

日本橋室町、紀尾井町、上野の森……。その土地に堆積した数奇な歴史・固有の記憶を軸に、都内13カ所の土地を考察する「東京物語」。（藤森照信／石山修武）

空間の経験
イーフー・トゥアン
山本浩訳

人間にとって空間と場所とは何か？　それはどんな経験なのか？　基本的なモチーフを提示する空間論の必読図書。（A・ベルク／小松和彦）

個人空間の誕生
イーフー・トゥアン
阿部一訳

広間での雑居から個室住まいへ。回し食いから個人用食器の成立へ。多様なかたちで起こった「空間の分節化」を通覧し、近代人の意識の発生をみる。

自然の家
フランク・ロイド・ライト
富岡義人訳

いかにして人間の住まいと自然は調和をとりうるか。建築家F・L・ライトの思想と美学が凝縮された名著を新訳。最新知見をもりこんだ解説付。

マルセイユのユニテ・ダビタシオン
ル・コルビュジエ
山名善之／戸田穣訳

近代建築の巨匠による集合住宅ユニテ・ダビタシオン。そこには住宅から都市まで、ル・コルビュジエの思想が集約されていた。充実の解説付。

都市への権利
アンリ・ルフェーヴル
森本和夫訳

都市現実は我々利用者のためにある！――産業化社会に抗するシチュアシオニスム運動の中、人間の主体性に基づく都市を提唱する。（南後由和）

官能美術史　池上英洋

西洋美術に溢れるエロティックな裸体たち。そこにはどんな謎が秘められているのか？　カラー多数！200点以上の魅惑的な図版から読む珠玉の美術案内。

残酷美術史　池上英洋

魔女狩り、子殺し、拷問、処刑――美術作品に描かれた身の毛もよだつ事件の数々。カラー多数。200点以上の図版が人間の裏面を抉り出す！

美少年美術史　池上英洋／川口清香

神々や英雄たちを狂わせためくるめく同性愛の世界。芸術家を虜にしたその裸体。カラー含む200点以上の美しい図版から学ぶ、もう一つの西洋史。

美少女美術史　池上英洋／荒井咲紀

幼く儚げな少女たち。この世の美を結晶化させたその姿に人類のどのような理想と欲望の歴史が刻まれているのか。カラー多数、200点の名画から読む。

グレン・グールドは語る　グレン・グールド／ジョナサン・コット　宮澤淳一訳

独創的な曲解釈やレパートリー、数々のこだわりにより神話化された天才ピアニストが、最高の聞き手を相手に自らの音楽や思想を語る。新訳。

造形思考（上）　パウル・クレー　土方定一／菊盛英夫／坂崎乙郎訳

クレーの遺した膨大なスケッチ、草稿のなかからバウハウス時代のものを集成。独創的な作品はいかにして生まれたのか、その全容を明らかにする。

造形思考（下）　パウル・クレー　土方定一／菊盛英夫／坂崎乙郎訳

運動・有機体・秩序。見えないものに形を与え、目に見えるようにするのが芸術の本質だ。ベンヤミンをも虜にした彼の思想とは。　（岡田温司）

ジョン・ケージ 著作選　ジョン・ケージ　小沼純一編

卓越した聴感を駆使し、音楽に革命を起こしたケージ。本書は彼の音楽論、自作品の解説、実験的な文章作品を収録したオリジナル編集。

ゴダール 映画史（全）　ジャン＝リュック・ゴダール　奥村昭夫訳

空前の映像作品「映画史 Histoire(s) du cinéma」のルーツがここに！　一九七八年に行われた連続講義の記録を全一冊で文庫化。　（青山真治）

増補 シミュレーショニズム　椹木野衣

恐れることはない、とにかく「盗め！」。独自の視点より、八〇／九〇年代文化を分析総括し、多くのシーンに影響を与えた名著。（福田和也）

ゴシックとは何か　酒井健

中世キリスト教信仰と自然崇拝が生んだ聖なるかたち。その思想をたどり、ヨーロッパ文化を読み直す。補遺としてガウディ論を収録した完全版。

卵のように軽やかに　エリック・サティ　秋山邦晴／岩佐鉄男編訳

音楽史から常にはみ出た異端者として扱われてきたサティとは何者？　時にユーモラス、時にシニカルなエッセイ・詩を精選。（巻末エッセイ　高橋アキ）

湯女図　佐藤康宏

江戸の風呂屋に抱えられた娼婦たちを描く一枚のミステリアスな絵。失われた半分には何が描かれていたのか。謎に迫り、日本美術の読み解き方を学ぶ。

グレン・グールド　孤独のアリア　ミシェル・シュネデール　千葉文夫訳

鮮烈な衝撃を残して二〇世紀を駆け抜けた天才ピアニストの生と死と音楽を透明なタッチで描く、最もドラマティックなグールド論。（岡田敦子）

民藝の歴史　志賀直邦

モノだけでなく社会制度や経済活動にも美しさを求めた柳宗悦の民藝運動。「本当の世界」を求める若者達のよりどころとなった思想を、いま振り返る。

シェーンベルク音楽論選　アーノルト・シェーンベルク　上田昭訳

十二音技法を通して無調音楽へ――現代音楽への扉を開いた作曲家・理論家が、自らの技法・信念・つきあげる表現衝動に向きあう。（岡田暁生）

魔術的リアリズム　種村季弘

一九二〇年代ドイツに突然現れ、妖しい輝きを遺して消え去った「幻の芸術」の軌跡から、時代の肖像を鮮やかに浮かび上がらせる。（今泉文子）

20世紀美術　高階秀爾

混乱した二〇世紀の美術を鳥瞰し、近代以降、現代すなわち同時代の感覚が生み出した芸術が、われわれにとって持つ意味を探る。増補版、図版多数。

世紀末芸術　高階秀爾

伝統芸術から現代芸術へ。19世紀末の芸術運動には既に抽象芸術や幻想世界の探求が萌芽していた。新時代への美の冒険を捉える。（鶴岡真弓）

鏡と皮膚　谷川渥

「神話」という西洋美術のモチーフをめぐり、芸術の認識論的隠喩として二つの表層を論じる新しい身体論・美学。鷲田清一氏との対談収録。

肉体の迷宮　谷川渥

あらゆる芸術表現を横断しながら、捩れ、歪み、時には傷つき、さらけ出される身体と格闘した美術作品を論じる著者渾身の肉体表象論。（安藤礼二）

武満徹エッセイ選　小沼純一編

稀代の作曲家が遺した珠玉の言葉。作曲秘話、評論、文化論など幅広いジャンルを網羅したオリジナル編集。武満の創造の深遠を窺える一冊。

高橋悠治　対談選　高橋悠治　小沼純一編

現代音楽の世界的ピアニストである高橋悠治。その演奏のような研ぎ澄まされた言葉と、しなやかな姿が味わえる一冊。学芸文庫オリジナル編集。

オペラの終焉　岡田暁生

芸術か娯楽か、前衛か古典か——。この亀裂を鮮やかに乗り越えて、オペラ黄金時代の最後を飾った作曲家が、のちの音楽世界にもたらしたものとは。

モーツァルト　礒山雅

彼は単なる天才なのか？　最新資料をもとに知られざる真実を掘り起こし、人物像と作品に新たな光をあてる。これからのモーツァルト入門決定版。

限界芸術論　鶴見俊輔

盆栽、民謡、言葉遊び……芸術と暮らしの境界に広がる「限界芸術」。その理念と経験を論じる表題作ほか、芸術に関する業績をまとめる。（四方田犬彦）

ダダ・シュルレアリスムの時代　塚原史

人間存在が変化してしまった時代の〈意識〉を先導する芸術家たち。二十世紀思想史として捉えなおす、衝撃的なダダ・シュルレアリスム論。（巖谷國士）

場所の現象学
エドワード・レルフ
高野岳彦／阿部隆／石山美也子訳
〈没場所性〉が支配する現代において〈場所のセンス再生の可能性〉はあるのか。空間創出行為を実践的に理解しようとする社会的場所論の決定版。

都市景観の20世紀
エドワード・レルフ
高野岳彦／神谷浩夫／岩瀬寛之訳
都市計画と摩天楼を生んだ19世紀末からポストモダン終焉まで、都市の外見を構成してきた景観要素を考察。『場所の現象学』の著者が迫る都市景観の解読。

シュルレアリスムとは何か
巖谷國士
20世紀初頭に現れたシュルレアリスム——美術・文学を縦横にへめぐりつつ「自動筆記」「メルヘン」「ユートピア」をテーマに自在に語る入門書。

マタイ受難曲
礒山雅
罪・死・救済を巡る人間ドラマを圧倒的なスケールで描いたバッハの傑作。テキストと音楽の両面から、秘められたメッセージを読み解く記念碑的名著。

仏像入門
石上善應
仏像は観賞の対象ではない。仏教の真理を知らしめてくれる善知識なのである。浄土宗学僧のトップが出遇い、修行の助けとした四十四体の仏像を紹介。

写真 日露戦争
小沢健志編
若き近代国家明治日本が大国ロシアと戦った日露戦争とは何だったのか。当時の陸海軍の選りすぐった写真により、その真実の姿を伝える。（半藤一利）

岡本太郎の宇宙（全6巻）
岡本太郎
山下裕二／椹木野衣／平野暁臣編
20世紀を疾走した芸術家、岡本太郎。彼の言葉と作品は未来への強い輝きを放つ。遺された著作を厳選編集し、その存在の全貌に迫った、決定版著作集。

対極と爆発
岡本太郎の宇宙1
岡本太郎
山下裕二／椹木野衣／平野暁臣編
彼の生涯を貫いた思想とは。「対極」と「爆発」をキーワードに、若き日の詩文から大阪万博参加への決意まで、そのエッセンスを集成する。（椹木野衣）

太郎誕生
岡本太郎の宇宙2
岡本太郎
山下裕二／椹木野衣／平野暁臣編
かの子・一平という両親、幼年時代、鬱屈と挫折、パリでの青春、戦争体験……。稀有な芸術家の思想を形作ったものの根源に迫る。（安藤礼二）

見るということ
ジョン・バージャー
飯沢耕太郎監修
笠原美智子訳
写真の登場で、人間は膨大なイメージに取り囲まれ、歴史や経験との対峙を余儀なくされた。見るという行為そのものに肉迫した革新的美術論集。

イメージ
ジョン・バージャー
伊藤俊治訳
イメージが氾濫する現代、「ものを見る」とはどういう意味をもつか。美術史上の名画と広告とを等価に扱い、見ること自体の再検討を迫る名著。

バルトーク音楽論選
ベーラ・バルトーク
伊東信宏／太田峰夫訳
中・東欧やトルコの民俗音楽研究、同時代の作曲家についての批評など計15篇を収録。作曲家バルトークの多様な音楽活動に迫る文庫オリジナル選集。

古伊万里図鑑
秦秀雄
魯山人に星岡茶寮を任され柳宗悦の蒐集に一役買った稀代の目利き秦秀雄による究極の古伊万里鑑賞案内。限定五百部の稀覯本を文庫化。（勝見充男）

新編 脳の中の美術館
布施英利
「見る」に徹する視覚と共感覚に訴える視覚。ヒトの二つの視知覚形式から美術作品を考察する、芸術論へのまったく新しい視座。（中村桂子）

秘密の動物誌
フォンクベルタ／フォルミゲーラ
荒俣宏監修
管啓次郎訳
光る象、多足蛇、水面直立魚――謎の失踪を遂げた動物学者によって発見された「新種の動物」とは。世界を騒然とさせた驚愕の書。（茂木健一郎）

ブーレーズ作曲家論選
ピエール・ブーレーズ
笠羽映子編訳
現代音楽の巨匠ブーレーズ。彼がバッハ、マーラー、ケージなど古今の名作曲家を個別に考察した音楽論14篇を集めたオリジナル編集。

図説 写真小史
ヴァルター・ベンヤミン
久保哲司編訳
写真の可能性と限界を考察し初期写真から同時代の作品まで通観した傑作エッセイ「写真小史」と、関連の写真図版・評論を編集。（金子隆一）

フランシス・ベイコン・インタヴュー
デイヴィッド・シルヴェスター
小林等訳
二十世紀を代表する画家ベイコンが自身について語った貴重な対談録。制作過程や生い立ちのことなど。『肉への慈悲』の文庫化。（保坂健二朗）

カニバリズム論 中野美代子

根源的タブーの人肉嗜食や纏足、宦官……。目を背けたくなるものを冷静に論ずることで逆説的に人間の真実に迫る血の滴る異色の人間史。（山田仁史）

帝国の陰謀 蓮實重彦

一組の義兄弟による陰謀から生まれたフランス第二帝政。「私生児」の義弟が遺した二つのテクストを読解し、近代的現象の本質に迫る。（入江哲朗）

交易の世界史（上） ウィリアム・バーンスタイン 鬼澤忍訳

絹、スパイス、砂糖……。新奇なもの、希少なものへの欲望が世界を動かし、文明の興亡を左右してきた。数千年にもわたる交易の歴史を一望する試み。

交易の世界史（下） ウィリアム・バーンスタイン 鬼澤忍訳

交易は人類そのものを映し出す鏡である。圧倒的な繁栄をもたらし、同時に数多の軋轢と衝突を引き起こしてきたその歴史を圧巻のスケールで描き出す。

フランス革命の政治文化 リン・ハント 松浦義弘訳

フランス革命固有の成果は、レトリックやシンボルによる政治言語と文化の創造であった。政治文化とそれを生み出した人々の社会的出自を考察する。

戦争の起源 アーサー・フェリル 鈴木主税／石原正毅訳

人類誕生とともに戦争は始まった。先史時代からアレクサンドロス大王までの壮大なるその歴史をダイナミックに描く。地図・図版多数。（森谷公俊）

近代ヨーロッパ史 福井憲彦

ヨーロッパの近代は、その後の世界を決定づけた。現代をさまざまな面で規定しているヨーロッパ近代の歴史と意味を、平明かつ総合的に考える。

イタリア・ルネサンスの文化（上） ヤーコプ・ブルクハルト 新井靖一訳

中央集権化がすすみ緻密に構成されていく国家あってこそ、イタリア・ルネサンスは可能となった。ブルクハルト若き日の着想に発した畢生の大著。

イタリア・ルネサンスの文化（下） ヤーコプ・ブルクハルト 新井靖一訳

緊張の続く国家間情勢の下にあって、類稀な文化と個性的な人物達は生みだされた。近代的な社会に向かう時代の、人間の生活文化様式を描ききる。

ちくま学芸文庫

バロック音楽《おんがく》 豊《ゆた》かなる生《せい》のドラマ

二〇二〇年十月十日　第一刷発行

著　者　礒山　雅（いそやま・ただし）
発行者　喜入冬子
発行所　株式会社　筑摩書房
　　　　東京都台東区蔵前二―五―三　〒一一一―八七五五
　　　　電話番号　〇三―五六八七―二六〇一（代表）
装幀者　安野光雅
印刷所　三松堂印刷株式会社
製本所　三松堂印刷株式会社

ISBN978-4-480-51007-5 C0173